어린왕자 영어 365

앙투안 드 생텍쥐페리 원작
JEFF 옮김 (제프스터디 대표)

한국어를 잘 하시는 여러분! 반드시 영어도 잘 하실 수 있습니다.

제프스터디는 영어초보분들께 영어자신감을 반드시 안겨드립니다.
지금 바로 제프스터디를 방문해보세요!
www.jeffstudy.com

어린왕자 영어 365

개정판 1쇄 발행 2025년 1월 20일

지 은 이 | 앙투안 드 생텍쥐페리 저 / 현장원 역
펴 낸 곳 | 브롬북스 (출판등록 : 제2019-000252호)
디 자 인 | 디자인 아르시에
주   소 | 서울시 강남구 봉은사로 317, 3층
전   화 | 070-7563-7775
이 메 일 | jeffstudylove@gmail.com
홈페이지 | www.jeffstudy.com

저작권자 | ⓒ 2025. 현장원

이 책의 저작권은 저자에게 있습니다. 서면에 의한 저자와 출판사의 허락 없이
내용의 일부 혹은 전부를 인용 및 복제하거나 발췌하는 것을 금합니다.

'제프스터디는 영어초보분들께 꿈과 희망을 드립니다!'

- 책값은 뒤표지에 있습니다.
- 파본은 구입하신 서점에서 교환해드립니다.
- 책 관련한 문의 사항은 제프스터디(www.jeffstudy.com)로 문의 부탁드립니다.

ISBN : 979-11-988001-3-8(03740), 브롬북스 도서번호 P25201604L

The Little Prince
어린왕자 영어 365

앙투안 드 생텍쥐페리 원작
Jeff 옮김 (제프스터디 대표)

BromBooks
브롬북스

Preface

"What is most important is invisible."

가장 중요한 것은 눈에 보이지 않는 법이야.

**우리 삶에서 가장 소중한 것은 무엇일까?
우리가 꿈꾸는 행복한 삶이란 어떤 것일까?**

어린 왕자는 어떤 의문이 생기면 답을 찾을 때까지 결코 질문을 멈추지 않았습니다. 또한, 그는 여행 중 만난 모든 것들에 대해 호기심으로 가득 차 있었습니다.

이처럼 어린 왕자의 적극적인 모습에서 우리는 많은 질문들에 대한 답을 찾을 수 있을 것입니다. 소설 '어린 왕자'는 그런 점에서 참으로 고맙고도 위대한 작품입니다.

이제 영어 강사 Jeff와 함께 '어린 왕자' 여행을 떠나봅시다. 그러면서 어린 왕자를 조금씩 길들여 보세요. 어린 왕자는 생각보다 꽤 까다롭고 길들이기 힘든 존재입니다. 하지만 너무 걱정하지 마세요. Jeff 강사와 함께라면 당신도 분명 어린 왕자와 친한 친구가 될 수 있을 테니까요.

기존의 고리타분한 영문법 지식을 과감히 버리고 Jeff 강사가 제시하는 영순법(영어 단어 순서법)으로 어린 왕자를 읽어봅시다. 365강이 끝나고 나면 분명 당신은 한글 번역본 이상의 큰 감동을 영어 원문을 통해 느낄 수 있을 것입니다. 물론 영어 독해 실력도 눈에 띄게 향상되어 있을 것입니다.

명작도 읽고 영어 실력도 쌓는 소중한 경험을 '제프스터디 어린왕자 영어 365'를 통해 이루시길 바랍니다. 아울러 행복해지려고 애쓰라 말했던 장미의 고마운 충고처럼 우리 모두 "Try to be happy." 했으면 좋겠습니다.

영어자신감! 제프스터디
Jeff 강사 드림

저자의 당부

'제프스터디 어린왕자 영어 365'는 어린왕자의 영어 원문을 최대한 스스로 해석해 낼 힘을 키우기 위한 의도로 집필되었습니다. 책에 실린 번역은 불가피한 경우를 제외하고, 최대한 영어단어의 본래 뜻을 살려 직역하려 애썼습니다. '예쁜 번역'이 아닌 영어 문장의 의미를 빠르고 정확하게 파악하는 것을 주목적으로 '해석'되어 있음을 알려드립니다.

제프스터디
실제 강의 수강 후기

제프스터디 강의를 수강하신 회원님들의 생생한 이야기를 들어보세요~

 김*숙님 (주부회원님)　"삶의 질이 글로벌화! 영어자신감도 UP!"

꼭 알아야 할 것만 조금씩 단계를 높이고 짧고 쉽게 반복 또 반복으로 아낌없이 영어 뿐만 아니라 건강 및 삶의 지혜까지 알려주시는 제프선생님, 덕분에 시간만 나면 영어를 즐기고 있습니다. 제 삶의 질이 글로벌화로 높아지는 것 같아 자신감도 생겼습니다.

 김*준님 (직장인 회원님)　"다른 기초영어강의와는 정말 달라요!"

그동안 여러 곳에서 배워왔던 기초영어강의와는 정말 차별화되는 좋은 강의였습니다.

 심*희님 (어르신 회원님)　"제프 선생님 덕분에 다시 영어공부 도전해봅니다!"

일생동안 넘어서지 못해서 포기했던 영어를 제프 선생님 덕분에 다시 손에 잡았으니 꼭 고비를 넘기렵니다.

이*정님 (학생 회원님) *"처음에 쉽게 이해되던 게 끝까지 유지가 됩니다!"*

제프선생님 강의는 정말 다르네요. 일단 가장 인상적인 건 '처음에 쉽게 이해되던 것이 끝까지 유지가 된다'라는 점입니다. 대부분 강의들이 (물론 제가 부족해서 그랬겠습니다만...) 처음엔 이해가 잘 되다가 뒤로 갈수록 점점 힘겨워 포기하곤 했는데 제프선생님 강의는 스텝 강의 끝까지 정말 재밌게 들었네요.

 권*민님 (직장인 회원님) *"매번 강의 들을 때마다 말할 수 있는 문장 길이가 달라지고 있습니다!"*

매번 강의 들을 때마다 말 할수 있는 문장의 길이가 달라지고 있습니다. 외국 바이어와의 메일도 이제는 쬐끔(?) 자신이 붙었습니다. 문장을 길게 쓰는 비법을 배우고 있으니까요.

 이*경님 (직장인 회원님) *"사막에서 오아시스를 찾은 느낌!"*

눈 딱 감고 제프 선생님 강의를 시작했습니다. 사막에서 오아시스를 찾은 느낌이랄까? ㅋㅋㅋ 이제야 제가 알고 있었지만 적용할 수 없었던 것들이 아~ 그래서 이렇게 되는거구나" 하고 하나씩 제자리를 찾아가는 중입니다.

 장*진님 (학생 회원님) *"쉬운 용어로 수업 진행 방식이 좋고 지루하지 않아요!"*

어려운 문법 용어가 아닌 쉬운 용어로 풀어서 설명을 해 주시니 강의 시작하고 끝날 때까지 지루함을 느끼지 않았습니다. 제프 스터디는 저처럼 한국식 영어 교육때문에 영어 공포증에 걸리신 분들에게 아주 좋은 강의라고 말씀 드리고 싶네요.

영순법이란?

영어의 핵심은 '단어의 순서'다!

영어라는 언어를 습득할 때 가장 염두에 두어야 하는 것은 영어단어가 놓이는 '순서'입니다. 우리말과 다르게 영어는 문장에서 단어를 쓸 때 어순이 정해져 있으며, 우리는 그 영어단어가 놓이는 순서 감각을 내 것으로 만드는 데 집중해야 합니다. 그래야 비로소 영어가 됩니다.

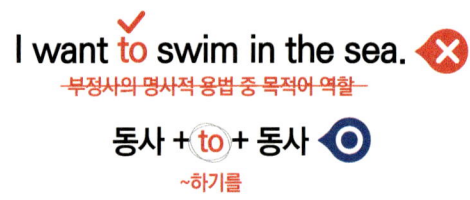

위 문장에서 'to swim' 부분을 이해할 때 '부정사의 명사적 용법 중 목적어 역할'이라는 거창한 문법적 개념으로 이해해서는 곤란합니다.

'동사(want) + to + 동사(swim)' 어순이 보일 때, to는 '~하기를'이라고 해석된다.
라는 식으로 단어순서에 초점을 맞춰 영어문장을 보아야 합니다.

한 가지 더 보자면,

위 문장에서 that 이란 단어를 이해할 때, '**관계대명사로써 뒤에 형용사절을 이끌어 앞의 선행사 the girl이라는 명사를 수식하는 구조를 만들어 낸다**'라는 식의 케케묵은 영문법식 이해는 이제는 정말 그만둬야 합니다. 그러한 접근방식은 결코 실전에서 빠르게 영어 문장을 만들어 내는 감각이 생기지 않을뿐더러 영어를 싫어지게 만드는 주범입니다.

여러분들은 오직 단어의 순서에 초점을 맞추어서 영어 문장을 바라봐야 합니다.

'**명사(the girl) + that + 주어 + 동사**' 어순이 보이면 that 은 '~하는' 이라는 해석을 해야 한다. (that 이하가 앞의 명사를 수식)

위 사실만 기억하고 있으면 영어문장은 자연스레 이해가 되며, 활용도 쉽습니다.
(*이때, 주어+동사 부분은 뭔가 하나 빠진 듯한 허전한 느낌이 들어야 함.)

기억하셔야 합니다.
영어의 핵심은 단어가 던져지는 순서입니다! 우리는 영어단어가 놓이는 순서 감각을 익히는데 최우선을 두고 영어 문장을 연습해야 합니다.

영어를 제대로 구사하는 법을 알기 위해서는 영문법이 아니라 제프 강사가 제시하는 영순법(영어단어순서법)을 익히십시오! 기존 영문법과 차별화된 Jeff 강사의 영순법이라면 반드시 영어에 자신감을 가질 수 있습니다.

이 책의 구성

 # 영어 발음 듣기!
정확한 영어 발음을 통해 어린왕자 영어 문장을 완전히 내 것으로 만들어 보세요!

 # 어린왕자 영어원문 읽기!
Jeff 강사의 상세한 동영상 강의 설명과 함께 어린왕자 영어원문을 완전히 내 것으로 만들어보세요!

책자 큐알코드를 통해서 1~50강 수강 가능, 51강 이후는 제프스터디 유료 수강.

 # JEFF의 핵심!
어린왕자 영어 문장을 정확히 해석하기 위한 Jeff 강사의 핵심을 알려 드립니다.

영순법(영어단어순서법)으로 영어 문장 해석력에 날개를 달아보세요!

 # 핵심 단어
정확한 해석을 위해 필요한 핵심 단어를 정리.

 # 번역 읽기!
Jeff 강사의 친절한 번역으로 자신의 어린왕자 영어 문장 해석이 맞는지 확인해 보세요.

364강

영문 Audio 듣기

JEFF 강사가 선별한 어린왕자 BEST 명문장 (1)

1. It is only with the heart that one can see rightly; what is essential is invisible to the eye. (280강 중에서)

2. "What is most important is invisible..." (305강 중에서)

3. "And yet what they are looking for could be found in one single rose, or in a little water." (315강 중에서)

 # 어린왕자 BEST 명문장
어린왕자 BEST 문장을 다시 한번 복습!

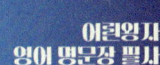

#7

Grown-ups never understand anything by themselves, and it is

Grown-ups never understand anything by themselves, and it is

tiresome for children to be always and forever explaining things

tiresome for children to be always and forever explaining things

to them.

to them.

 # 어린왕자 명문장 필사!
Jeff 강사가 엄선한 어린왕자 영어 명문장을 내 손으로 직접 써 보는 코너!
어린왕자의 감동을 온전히 느껴보세요!

어린왕자 영어 365
개정판은 이렇게 바뀌었습니다.

NEW 01. 편리한 동영상 무료 강의 제공!

어린왕자 강의를 책 속 큐알코드를 통해 번거로운 별도의 로그인 과정없이 편리하게 수강하실 수 있습니다. 책만으로 이해가 덜 되는 아리송한 부분은 Jeff 강사의 영어초보자분을 배려한 친절한 강의를 통해 완전히 내 것으로 만드세요!
(1~50강 : 책속 QR코드 무료 제공, 51~365강 : 제프스터디에서 유료 수강)

NEW 02. 영문 오디오 파일 제공.

AI 기술을 활용한 영문 음성 파일을 강의와 마찬가지로 책 속 큐알코드를 통해 편리하게 들으실 수 있습니다. 정확한 발음을 통해 리스닝 실력도 함께 향상시켜 보시길 바랍니다.

NEW 03. 학습에 최적화된 내지 디자인 업그레이드!

좀 더 가독성 높고, 학습에 최적화된 내지 디자인으로 업그레이드 하였습니다.

NEW 04. 어린왕자 명문 필사 파트 추가!

어린왕자에는 주옥같은 멋진 영어 문장이 많이 있습니다. 이 중에서 필사(To make a written copy of a text or words, etc.)해 보면 좋을 문장들은 별도로 코너를 마련했습니다. 어린왕자 문장을 따라 써 보며 작품의 감동을 온전히 자신의 것으로 만들어 보세요!

눈이 펑펑 오는 날,
혹시 눈사람을 만들어 본 적이
있으신가요?

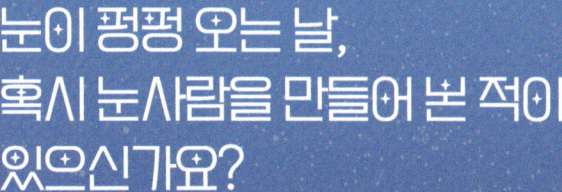

처음에 일정 크기의 동그란 눈뭉치를 만드는 것이 어렵지, 일단 눈뭉치를 만들어냈다면
데굴데굴 굴려 금방 커다란 눈덩이를 만들 수 있습니다.

영어 공부도 마찬가지입니다.

**처음 탄탄한 기초를 쌓기가 어렵지, 그 다음부터는 눈덩이를 크게 만들듯이
영어 실력을 일사천리로 늘려 나갈 수 있습니다.**

Jeff 강사의 영순법 강의는 눈사람을 만들 듯 조금씩 조금씩 문장을 늘여 나가
유창한 영어 실력을 갖추게 만드는 강의입니다.

**한국어를 잘하시는 여러분!
분명 영어도 잘하실 수 있습니다!**

영어는 나의 삶을 좀 더 신나고 행복하게 바꿀 수 있는 분명한 기회입니다.
그 기회를 Jeff 강사가 제시하는 영순법(영어단어순서법)으로 나의 것으로 만드십시오.

당신은 분명 해낼 수 있습니다.

- 제프스터디, Jeff 강사 드림

*What would life be
if we had no courage
to attempt anything?*

- Vincent Van Gogh –

어떤 것을 시도할 용기조차 없다면
인생이 무슨 의미가 있겠는가?

- 빈센트 반 고흐 -

The Little Prince
Contents

Preface	004p
The Little Prince_Part 1 (1~120강)	017p
The Little Prince_Part 2 (121~240강)	139p
The Little Prince_Part 3 (241~365강)	261p

The Little Prince

어린왕자 영어 365

The Little Prince

Part
01.

1~120강

영문 Audio 듣기

어린왕자 1강 강의 수강

Once when I was six years old I saw a magnificent picture in a book, called True Stories from Nature, about the primeval forest. It was a picture of a boa constrictor in the act of swallowing an animal. Here is a copy of the drawing.

VOCA
magnificent 장대한 | primeval 원시의 | constrictor 거대한 뱀 | swallow 삼키다

JEFF의 핵심

1. 문자에서 콤마는 다음 두 가지 의미로 사용됨을 기억!
 a. 부연설명!
 b. 쉬어가라! (콤마앞에서 끊어 읽는다!)

2. (, ,)
콤마와 콤마 사이는 반드시 괄호로 묶고 부연설명의 구조로 파악!
Alice, his sister of sixteen years, suddenly decided to study English hard.

3. (, p.p.) ~되면서
콤마 다음의 p.p. 는 수동의 느낌을 실어 '~되면서' 라고 해석한다.
I saw Jeff, called The Best English Teacher, in Shinnonhyeon station.
불리면서

Translation
여섯 살 적에 나는 원시림에 대해서 쓰인 "자연의 실화"라고 불리는 책에서 멋진 그림 하나를 본 적이 있다. 그것은 한 마리의 동물을 집어삼키고 있는 보아뱀의 그림이었다. 여기에 그 그림의 복사본이 있다. (여기에다가 옮겨 그려 보았다.)

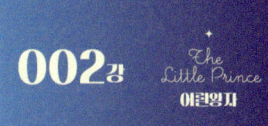

In the book it said: "Boa constrictors swallow their prey whole, without chewing it. After that they are not able to move, and they sleep through the six months that they need for digestion."

VOCA

prey 먹이 | chew 씹다 | be able to ~할 수 있다 | digestion 소화

JEFF의 핵심

1. 콤마의 두 가지 의미!
  a. 부연설명!
  b. 쉬어가라! (콤마앞에서 끊어 읽는다!)

2. 영어의 핵심은?
  단어 배열 순서! (JEFF강사가 강조하는 핵심 단어 위주로 반드시 암기!)

3. 명사 + (that + S + V)
  that은 '~하는' 이라는 의미로 앞의 명사를 수식!
  I like the girl (that you saw in the street.)

Translation
그 책에는 이렇게 적혀 있었다. "보아뱀은 먹이를 씹지도 않고 통째로 집어삼킨다. 그 후 그것들은 움직일 수가 없고, 소화를 시키기 위해 필요한 6개월 동안 잠만 잔다."

I pondered deeply, then, over the adventures of the jungle. And after some work with a colored pencil I succeeded in making my first drawing. My Drawing Number One. It looked something like this:

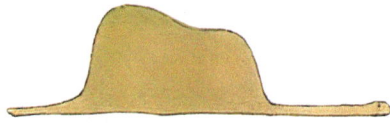

VOCA

ponder 깊이 생각하다, 숙고하다 | adventure 모험 | colored 색이 칠해진 | succeed 성공하다

JEFF의 핵심

1. 문장이 길다면 전치사 앞에서 살짝 끊어가는 센스가 필요!

2. 명사 + (전치사 + 명사)
전치사 명사 덩어리는 한 덩어리로 묶고, 앞의 명사를 수식하는 구조를 만들어낸다.
The man (in the room) is my father.

3. in ~ing : ~할 때, ~하느라
전치사 in 뒤에 ~ing 형태가 올 때 이 때의 in은 '~할 때/~하는 데' 라는 의미를 만들어 낸다.
She was busy in answering the phone calls.

Translation
나는 정글에서의 모험에 관해 깊이 생각했다. 그리고 색연필로 몇번의 작업한 끝에 나의 첫 번째 그림을 완성할 수 있었다. 나의 그림 1호. 그것은 이런 모습이었다.

I showed my masterpiece to the grown-ups, and asked them whether the drawing frightened them. But they answered:

"Frighten? Why should any one be frightened by a hat?"

VOCA

masterpiece 명작, 걸작 | grown-up 어른(=adult) | whether ~인지 아닌지 | frighten 놀라게 만들다

JEFF의 핵심

1. 끊기를 잘 해야 영어가 된다

전치사 앞에는 살짝, 접속사 앞에서는 (확!) 끊어야 한다.

→ 완전히 단절됨을 의미

2. 조동사 + be + p.p

→ 문장의 양념   → 수동태

조동사의 양념 역할, be+p.p.는 수동태의 의미!

I can see you.

　수동태 〉 You can be seen by me. (너는 나에 의해 보여질 수 있다.)
　의문문 〉 Can you be seen by me? (너는 나에 의해 보여질 수 있니?)

Translation

나는 어른들에게 나의 걸작을 보여 주었고, 그들에게 내 그림이 그들을 놀라게 했는지를 물어보았다. 하지만, 그들은 대답했다: "놀랐냐고? 왜 모자를 보고 놀라야 하는 거니?"

영문 Audio 듣기

어린왕자 5강 강의 수강

My drawing was not a picture of a hat. It was a picture of a boa constrictor digesting an elephant. But since the grown-ups were not able to understand it, I made another drawing: I drew the inside of a boa constrictor, so that the grown-ups could see it clearly. They always need to have things explained. My Drawing Number Two looked like this:

VOCA since ~때문에, ~이래로 | inside 안에
clearly 확실하게, 명확하게 | explain 설명하다

JEFF의 핵심

1. 명사 + ~ing
뒤의 ~ing 가 앞의 명사를 수식한다.
I saw the man running in the morning.
뛰고있는

2. 문두에 접속사가 나올 때?
문두에 접속사가 나올 때는 뒤에 반드시 콤마가 나오고, 그 콤마에서 확! 끊는다.
〈문두〉
접속사 ~ , S + V.

3. , so that 그래서
so that 앞에 콤마가 있을 때, 이 때의 ',so that' 은 '그래서' 라는 의미.

Translation
내 그림은 모자 그림이 아니었다. 그것은 코끼리를 소화하고 있는 보아뱀의 그림이었다. 그러나 어른들이 그것을 이해하지 못했기 때문에 나는 또 다른 그림을 그렸다. 나는 보아뱀의 안쪽을 그렸다. 그리하여 어른들은 그 그림이 무엇인지를 확실히 알 수 있었다. 어른들에게는 항상 무언가를 설명해 줘야 한다. 나의 그림 2호는 이렇게 보였다.

006강 The Little Prince 어린왕자

The grown-ups' response, this time, was to advise me to lay aside my drawings of boa constrictors, whether from the inside or the outside, and devote myself instead to geography, history, arithmetic, and grammar.

VOCA

response 반응 | advise 충고하다 | lay aside ~을 제쳐놓다, 치우다 | devote 노력 등을 ~에 쏟다
geography 지리학 | arithmetic 산수

JEFF의 핵심

1. be + to + 동사원형
   be 동사의 다음의 to 는 다양한 뜻을 만들어낸다. 이때의 to는 가장 기본적인 '~하는 것' 이라는 의미!
   My dream is to become an artist.

2. A and B 두개가 연결될 때 and 필요!

3. 5형식의 이해
   목적어 다음에 'to+동사원형'이 나오면 문장에서 주술관계가 두 번!
   I want you. (나는 너를 원해) I want you to go home. (나는 네가 집에 가기를 원해)

4. devote A to B A를 B에 바치다
5. 네 개가 연결될 때의 원칙? A, B, C, and D
6. 명사 + that + S + V that 이하가 앞의 명사를 수식하는 구조!

Translation

이번에 어른들의 반응은 보아뱀의 안쪽이든 바깥쪽이든 간에 보아뱀 그림은 집어치우고 차라리 지리, 역사, 산수, 그리고 문법 같은 것에 몰두해 보라고 충고해 주는 것이었다.

That is why, at the age of six, I gave up what might have been a magnificent career as a painter. I had been disheartened by the failure of my Drawing Number One and my Drawing Number Two. Grown-ups never understand anything by themselves, and it is tiresome

Grown-ups never understand anything by themselves, and it is tiresome

for children to be always and forever explaining things to them.

for children to be always and forever explaining things to them.

VOCA

give up 포기하다 | career 경력, 직업 | dishearten 낙심하게 하다 | failure 실패 | tiresome 지치는, 성가신

JEFF의 핵심

1. why, because의 구조적 차이를 반드시 기억하자.

(원인) that is why ~ (결과)
(결과) that is because ~ (원인)

2. It ~ for ~ to
가주어   의미상의 주어   진주어

(의미상의 주어 : 'to+V' 행위를 하는 주체!)
It is easy for me to learn English.

3. might have + p.p.

~이었을지도 모른다.

Translation

이렇게 해서 나는 여섯 살의 나이에 화가라는 멋진 직업을 가질 기회를 포기했다. 나는 그림 1호와 2호가 실패한 것에 대해 낙담했었다. 어른들은 결코 스스로는 아무것도 이해하지 못한다. 그리고, 아이들이 항상 어른들에게 뭔가를 설명해 주어야 한다는 것은 매우 성가신 일이다.

So then I chose another profession, and learned to pilot airplanes. I have flown a little over all parts of the world; and it is true that geography has been very useful to me. At a glance I can distinguish China from Arizona. If one gets lost in the night, such knowledge is valuable.

VOCA

profession 직업 | pilot 조종하다 | useful 유용한 | at a glance 첫눈에 | distinguish 구별하다
knowledge 지식 | valuable 귀중한

JEFF의 핵심

1. A and B
두개가 연결될 때의 가장 기본! A and B 반드시 사이에 and 접속사 필요!

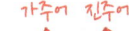

2. It ~ that
It is true that I like you.

3. / ;
세미콜론이 보이면 반드시 그 앞에서 확! 끊는다.

Translation
그래서 나는 다른 직업을 선택하기로 마음먹고, 비행기 조종하는 법을 배웠다. 나는 전 세계를 누비고 다녔다. 이때 지리학이 매우 유용했던 건 사실이다. 나는 한번 슬쩍 보고 중국과 애리조나를 구별할 수 있었다. 그러한 지식은 누군가 밤에 길을 잃었을 때 아주 가치가 있게 된다(중요하다).

영문 Audio 듣기

어린왕자 9강 강의 수강

In the course of this life I have had a great many encounters with a great many people who have been concerned with matters of consequence. I have lived a great deal among grown-ups. I have seen them intimately, close at hand. And that hasn't much improved my opinion of them.

VOCA

encounter 만남 | have been concerned with ~와 관련되다 | consequence 결과 | intimately 밀접하게, 면밀하게 | close at hand 가까이에서 | improve 개선시키다

JEFF의 핵심

1. 문두에 전치사 있을 때?

(전치사 + 명사) / S + V
문장의 시작이 전치사라면 뒤에 S+V 관계가 보이고, 주어 앞에서 반드시 끊어읽는다.

I have one faith (in my life.)
(In my life,) I have one faith.

2. , 콤마는 아래 두 가지 의미!

(부연설명
  쉬어가기! (끊어가기!)

3. 사람 + (who + 동사) who 이하가 앞의 사람명사를 수식!

He is the man (who was rich.)

4. have p.p.

1. ~한 적이 있다. (경험)
2. (과거부터 지금까지) ~해 왔다. (지금도 그렇다)

Translation

이러한 삶을 살면서 나는 중요한 일들과 관련된 많은 사람과 수많은 만남을 가져왔다. 난 오랫동안 어른들 사이에서 살았다. 나는 가까이에서 그들을 관찰해왔다. 하지만, 그러한 경험이 그들에 대한 나의 생각을 크게 개선하지는 못했다.

Whenever I met one of them who seemed to me at all clear-sighted, I tried the experiment of showing him my Drawing Number One, which I have always kept. I would try to find out, so, if this was a person of true understanding. But, whoever it was, he, or she, would always say: "That is a hat."

> **VOCA**
>
> whenever ~때마다 | clear-sighted 판단력이 있는, 명석한 | experiment 실험 | find out 알아보다 | whoever 누구든지

JEFF의 핵심

1. 〈뚜두〉 접속사 ~ ...
   문두에 접속사가 있을 경우 뒤에 반드시 콤마가 보인다. 그 콤마에서 확! 끊는다.

2. 사람 + (who + V)
   who 이하가 앞의 사람 명사를 수식!

3. 앞 명사, which + S + V   ⊕ 을/를
   앞 명사를 which에다 대입하고 '을/를' 해석을 덧붙여 해석!
   This is the house, which I liked.   ⊕ 을/를

Translation
나는 판단력이 있어 보이는 사람을 만날 때면 내가 항상 간직해 오고 있던 나의 그림 1호를 보여주는 실험을 시도했었다. 나는 그 사람이 진정으로 이해력이 있는 사람인지 아닌지를 알고 싶었다. 그러나 누구였든지 간에, 남자이건 여자이건 항상 다음과 같이 대답했다. "이건 모자네!"

영문 Audio 듣기   어린왕자 11강 강의 수강

Then I would never talk to that person about boa constrictors, or primeval forests, or stars. I would bring myself down to his level. I would talk to him about bridge, and golf, and politics, and neckties. And the grown-up would be greatly pleased to have met such a sensible man.

VOCA
bring oneself down ~자신을 낮추다 | politics 정치 | please 기쁘게 하다 | sensible 분별 있는, 합리적인, 명석한

JEFF의 핵심

1. 전치사 앞 살짝!
긴 영어 문장에서는 전치사 앞에서 살짝 끊어 읽는 습관을 들이자!

2. be pleased to + 동사원형 ~하게 되어 기쁘다 (하게되어)
I was pleased to meet her.

3. would ~하곤 했다
My grandmother would take care of me.
(~하곤 했다)

Translation
그러면 나는 그 사람에게는 보아뱀이나 원시림이나 별들에 관한 이야기를 절대하지 않았다. 그의 수준에 맞추려고 나 자신을 낮췄다. 나는 대신 다리, 골프, 정치, 넥타이 등에 관해 이야기하곤 했다. 그러면 어른들은 매우 명석한 사람을 만나게 되었다고 기뻐하곤 했다.

영문 Audio 듣기 | 어린왕자 12강 강의 수강

So I lived my life alone, without anyone that I could really talk to, until I had an accident with my plane in the Desert of Sahara, six years ago. Something was broken in my engine. And as I had with me neither a mechanic nor any passengers, I set myself to attempt the difficult repairs all alone.

VOCA

accident 사고 | mechanic 정비사 | passenger 승객 | attempt 시도하다 | repair 수리

JEFF의 핵심

1. 명사 + (that + S + V)
that 이하가 앞의 명사를 수식!
I need someone that I talk to. 전치사 필요!

2. Neither A nor B : A도 B도 아니다
neither 단어 뒤에는 nor 단어가 호응을 이룬다. 반드시 세모 처리!
He is neither tall nor small.

Translation
그래서 나는 6년 전에 사하라 사막에서 비행기 사고가 나기 전까지 진정으로 이야기를 나눌 수 있는 상대를 갖지 못한 채 홀로 살아왔다. 내 비행기 엔진에서 무언가가 고장이 났다. 정비사도 승객도 없었기 때문에 나는 혼자서 어려운 비행기 수리를 시도해야 했다.

It was a question of life or death for me: I had scarcely enough drinking water to last a week. The first night, then, I went to sleep on the sand, a thousand miles from any human habitation. I was more isolated than a shipwrecked sailor on a raft in the middle of the ocean.

VOCA

question of life or death 생사의 문제 | scarcely 겨우, 간신히 | last 지속하다 | habitation 사는 곳
isolated 고립된, 격리된 | shipwrecked sailor 난파선 선원 | raft 뗏목

JEFF의 핵심

1. 명사 + (to + 동사) ~할

'to + 동사' 덩어리가 앞의 명사를 수식!

I want water to drink.

2. / (,)

콤마는 부연설명의 기능을 할 수 있다!

콤마 앞에서 확! 끊어읽고 콤마 뒤는 앞의 내용을 추가 보충 설명!

3. 전치사 앞 살짝! 끊어라!

전치사를 만나면 영어문장 해석 고수가 되기 전까지는 항상 살짝 끊어 읽는 습관을 들여야 한다.

Translation

그것은 나에게 생사가 걸린 문제였다. 내게는 겨우 일주일 정도 버틸 수 있는 물이 있을 뿐이었다. 첫날밤 나는 사람이 사는 곳으로부터 천 마일 정도 떨어진 모래 위에서 잠이 들었다. 나는 바다 한가운데에서 표류하고 있는 뗏목 위의 난파된 선원보다 더 고립된 상태였다.

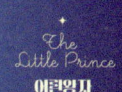

Thus you can imagine my amazement, at sunrise, when I was awakened by an odd little voice. It said:

"If you please — draw me a sheep!"

"What!"

"Draw me a sheep!"

I jumped to my feet, completely thunderstruck. I blinked my eyes hard. I looked carefully all around me.

VOCA

imagine 상상하다 | amazement 경악 | awaken 깨다, 깨우다 | odd 이상한 | thunderstruck 깜짝 놀란
blink 깜빡이다

JEFF의 핵심

1. jump to my feet 펄쩍 뛰다

단어들의 덩어리로 암기할 것!

2. hard

- 단단한, 딱딱한
- 힘든
- 열심히, 세게, 심하게, 힘들게

hard는 매우 다양한 의미를 지니는 단어이다. 문맥에 따라 적절한 뜻을 떠올리자!

Translation

그러니 새벽녘에 이상한 목소리를 듣고 잠에서 깼을 때 내가 얼마나 놀랐을 지 여러분은 상상할 수 있을 것이다. 그 목소리는 말했다. "양 한 마리를 그려 줘!" "뭐라고?" "양 한 마리를 그려 줘." 나는 깜짝 놀라며 벌떡 일어섰다. 나는 너무 놀라 눈을 연신 깜박거렸다. 내 주변을 유심히 살펴보았다.

And I saw a most extraordinary small person, who stood there examining me with great seriousness. Here you may see the best portrait that, later, I was able to make of him. But my drawing is certainly very much less charming than its model.

VOCA
extraordinary 특이한 | examine 조사하다, 관찰하다, 바라보다
seriousness 심각함, 진지함 | portrait 초상화 | charming 매력적인

JEFF의 핵심

1. **명사, who + V**
   명사 다음에 콤마가 있다면 명사를 who에다가 대입시켜 해석!
   I saw a beautiful woman who is selling shoes.

2. **~ing ~하면서**
   ~ing 가 앞의 명사를 수식하지 못할 때, 이때의 ~ing 는 '~하면서' 라는 해석을 붙인다.

3. **명사 + that + S + V**
   that이하가 앞의 명사를 수식.

Translation
그리고 나는 매우 특이하게 생긴 조그만 사람이 나를 아주 심각하게 바라보고 있는 것을 보았다. 훗날 내가 그를 그린 초상화 중 가장 잘 그린 것이 이것이다. 하지만, 분명히 나의 이 그림은 실제 모델보다는 훨씬 덜 매력적이다.

  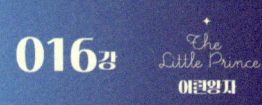

That, however, is not my fault. The grown-ups discouraged me in my painter's career when I was six years old, and I never learned to draw anything, except boas from the outside and boas from the inside. Now I stared at this sudden apparition with my eyes fairly starting out of my head in astonishment

VOCA

fault 잘못 | discourage 좌절시키다, 의욕을 꺾다 | except ~을 제외하고 | stare 유심히 쳐다보다
apparition 유령, 출현 | astonishment 깜짝 놀람

JEFF의 핵심

1. 문장과 문장을 이어주는 접속사 앞에서는 과감히! 확! 끊어 읽는 습관을 들이자!

2. with + 목적어 + ~ing
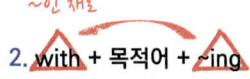
with는 '~인 채로, ~인 상황에서'라는 의미로 해석!

I can't eat anything with you standing there.

Translation

하지만, 그렇게 된 건(실물보다 덜 매력적으로 그릴 수밖에 없는 건) 나의 잘못이 아니다. 어른들은 내가 여섯 살 때 화가로서 직업을 가지는 것을 포기하게 했다. 그래서 나는 보아뱀 바깥쪽과 안쪽을 제외하고는 아무것도 그리는 것을 배우지 못했다. 나는 너무 깜짝 놀라 눈이 튀어 나갈 것만 같았고, 이 갑작스러운 어린 왕자의 출현을 유심히 보게 되었다.

Remember, I had crashed in the desert a thousand miles from any inhabited region. And yet my little man seemed neither to be straying uncertainly among the sands, nor to be fainting from fatigue or hunger or thirst or fear. Nothing about him gave any suggestion of a child lost in the middle of the desert, a thousand miles from any human habitation.

VOCA

crash 불시착하다 | inhabited region 사람이 사는 지역 | stray 방황하다, 제 위치를 벗어나다 | faint 기절하다
fatigue 피로 | suggestion 기미, 기색

JEFF의 핵심

1. neither A nor B : A도 B도 아니다
neither이 앞에 보이면 뒤에 nor이 보이기 마련!
He seemed neither to be happy nor to be rich.

2. 명사 + p.p. ~된/~되어진
명사 뒤에 p.p.(과거분사)형이 오면 p.p.에 수동의 의미를 담아 앞의 명사를 수식!
I found my wallet lost in the market.

Translation
기억해라. 나는 사람이 사는 지역에서 천 마일이나 떨어진 곳에 불시착했었다. 그런데 어린아이는 사막 위에서 길을 잃은 것 같지도 않아 보였고 피로나 배고픔, 목마름이나 두려움 등으로 기절할 것으로 보이지도 않았다. 사람 사는 지역에서 천 마일이나 떨어진 사막 한가운데에서 길을 잃은 어린아이와 같은 모습은 찾아볼 수가 없었다.

  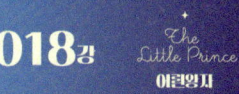

When at last I was able to speak, I said to him:

"But — what are you doing here?"

And in answer he repeated, very slowly, as if he were speaking of a matter of great consequence:

"If you please — draw me a sheep..."

When a mystery is too overpowering, one dare not disobey.

VOCA

mystery 신비 | overpowering 저항할 수 없는, 아주 강한 | dare 감히 ~ 하다 | disobey 불복종하다

JEFF의 핵심

1. **a matter of consequence** 대단히 중요한 일

2. **dare not ~** 감히 ~ 하지 못하다

    I dare not talk to him.

Translation

마침내 내가 말을 할 수 있을 정도로 안정이 되었을 때, 그에게 말했다. "그런데 – 여기서 뭐 하고 있는 거야?" 그러자 그는 매우 중요한 이야기를 하듯이 천천히 다시 되풀이해 말했다." 가능하다면 부탁인데, 양을 한 마리 그려 줘." 신비스러운 일이 사람을 압도하게 되면, 감히 불복종할 수가 없게 되는 법이다.

영문 Audio 듣기

어린왕자 19강 강의 수강

Absurd as it might seem to me, a thousand miles from any human habitation and in danger of death, I took out of my pocket a sheet of paper and my fountain-pen. But then I remembered how my studies had been concentrated on geography, history, arithmetic and grammar, and I told the little chap (a little crossly, too) that I did not know how to draw.

| VOCA |

absurd 어처구니 없는 | fountain-pen 만년필 | concentrate 집중하다 | chap 녀석, 사내아이 | crossly 심술궂게

JEFF의 핵심

1. **as** ~일지라도 (양보)

    Though he is young, he is smart.
    As he is young, he is smart. (x)
    Young as he is, he is smart. (o) 〈문두〉

    as가 양보의 뜻일 때 반드시 형용사 보어를 문두로 보낸다!

2. **(,)** 콤마 콤마 구조는 부연설명! 괄호로 묶자! (부연설명)

3. **간접의문문** 의문문이 문장안에 쏘~옥!
    문장 속에 '의문사+주어+동사' 어순!

Translation

터무니없는 일처럼 보일 수 있겠지만, 나는 생명의 위협을 느끼는 와중에 사람 사는 고장에서 천 마일 떨어진 곳에서 나는 주머니에서 종이 한 장과 만년필을 꺼냈다. 그러나 그때는 나는 지리, 역사, 산수, 문법 등에 내 공부가 오로지 집중되어 왔음을 기억했다. 난 그 어린 녀석에게 약간 심술궂게(조금 짜증 내면서) 그림 그리는 방법을 모른다고 말해버렸다.

He answered me:

"That doesn't matter. Draw me a sheep..."

But I had never drawn a sheep. So I drew for him one of the two pictures I had drawn so often. It was that of the boa constrictor from the outside.

VOCA

matter 중요하다, 문제되다

JEFF의 핵심

1. had p.p 과거완료 → 과거의 일보다 더 과거의 일을 나타낼 때!

They had left when I called.
  과거완료   과거
  (더과거)

2. 명사 + (S + V) 뒤의 '주어+동사' 덩어리가 앞의 명사를 수식!

I found my picture I had drawn often.
  과거   과거완료
           * 과거보다 더 이전!

Translation

그는 내게 대답했다. "그건 상관없어. 양 한 마리만 그려 줘." 그러나 나는 양은 그려 본 적이 없었다. 그래서 나는 내가 종종 그려왔던 단 두 가지 그림 중의 하나를 다시 그려 주었다. 속이 보이지 않는(바깥 방향에서 바라본) 보아뱀의 그림을 그려준 것이다.

영문 Audio 듣기 | 어린왕자 21강 강의 수강

And I was astounded to hear the little fellow greet it with:

"No, no, no! I do not want an elephant inside a boa constrictor. A boa constrictor is a very dangerous creature, and an elephant is very cumbersome. Where I live, everything is very small. What I need is a sheep. Draw me a sheep."

So then I made a drawing.

VOCA

astound 깜짝 놀라게 하다 | fellow 녀석 | greet 맞다, 환영하다, 반응을 보이다
cumbersome 거추장스러운, 번거로운, 복잡하고 느린

1. **be astounded to + 동사원형**   ~하게 되어 놀라다

   She was astounded to hear the news.

2. **What + 허전한 문장**   ~하는 것

   What 뒤가 뭔가 하나 빠진 듯한 허전한 느낌이 들 때 what은 '~하는 것' 이라는 해석을 한다!

   What I need is your love.
   ~하는 것
   (need 동사의 목적어가 없어 허전!)

Translation

나는 어린 녀석이 보이는 반응을 보고 몹시 놀랐다: "아냐, 아냐, 보아뱀 속의 코끼리를 원하는 게 아냐. 보아뱀은 아주 위험해. 그리고 코끼리는 부담스러워. 내가 사는 곳은 아주 자그마해. 내가 필요한 것은 양이야. 양을 그려 줘". 그래서, 나는 양을 그려주었다.

  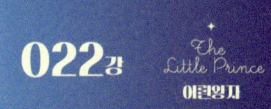

He looked at it carefully, then he said:

"No. This sheep is already very sickly. Make me another."

So I made another drawing. My friend smiled gently and indulgently. "You see yourself," he said, "that this is not a sheep. This is a ram. It has horns."

VOCA

sickly 병든 | gently 다정하게 | indulgently 너그럽게, 관대하게
ram 숫양(다 자란 수컷 양) | horn 뿔

JEFF의 핵심

1. **You see yourself.** 자신도 알거야.

Translation
그는 유심히 그림을 바라보았다. 그러고 나서 말했다. "안돼! 그 양은 벌써 병이 들었어. 다시 다른 걸 그려 줘." 나는 또 그렸다. 내 친구는 부드럽고 다정하게 미소를 지어 보였다. "너도 알 거야. 이건 양이 아니야. 이건 숫양이잖아. 뿔이 나 있잖아." 그가 말했다.

So then I did my drawing over once more. But it was rejected too, just like the others.

"This one is too old. I want a sheep that will live a long time."

By this time my patience was exhausted, because I was in a hurry to start taking my engine apart.

VOCA

reject 거절하다 | patience 인내심 | exhaust 지치게 만들다, 기진맥진하게 만들다
take ~ apart 분해하다

JEFF의 핵심

1. 명사 + (that + 동사)

'that+동사' 덩어리가 앞의 명사를 수식!

I want a book (that will make me happy.)

Translation

그래서 나는 다시 한번 더 그림을 그렸다. 하지만, 다른 것들과 마찬가지로 거절당했다. "이건 너무 늙었어. 난 오래 살 수 있는 양을 원해." 이때쯤, 나는 엔진을 분해하여 수리를 얼른 해야 했기에 인내심이 바닥이 난 상태였다.

024강 The Little Prince 어린왕자

So I tossed off this drawing. And I threw out an explanation with it.

"This is only his box. The sheep you asked for is inside."

I was very surprised to see a light break over the face of my young judge:

VOCA

toss off 툭 던지다 | throw out 내뱉다 | break over 깨뜨리다
judge 감정가, 심판

JEFF의 핵심

1. 명사 + (S + V1 …) / V2 …

   두 번째 동사 앞에서 끊는 것이 포인트!
   The book (you asked for) / is missing.

Translation

그래서 나는 이 그림과 함께 대충 설명을 해주었다. "이건 상자일 뿐이야. 네가 요구한 양은 그 안쪽에 있어." 나의 어린 감정가의 얼굴이 환히 밝아지는 걸 보고 나는 깜짝 놀랐다.

"That is exactly the way I wanted it! Do you think that this sheep will have to have a great deal of grass?"

"Why?"

"Because where I live everything is very small…"

"There will surely be enough grass for him," I said. "It is a very.

small sheep that I have given you."

VOCA

exactly 정확히 | surely 확실히 | enough 충분한

JEFF의 핵심

1. **the way + S + V**   ~하는 방법
   문장 중간에 'the way+S+V' 어순이 보인다면 the way는 '~하는 방법'이라는 해석을 떠올린다!

   I like the way / you love me.
   I hate the way / you sing a song.

2. **V + (that) + S+V …**   ~을/를   동사 다음의 that 은 '~을/를'이라는 해석이 일반적이다.

3. **It ~ that … 강조구문**   It과 that 사이에 강조하고자 하는 단어를 둔다!

   I met Jane at the park yesterday.
   It was Jane that I met at the park yesterday.
   강조되는 말

Translation

"이게 바로 정확히 내가 원했던 거야! 아저씨는 이 양에게 풀을 많이 주어야 한다고 생각해?" "왜 그런데?" "내가 사는 곳에서는 모든 것이 아주 작거든." "그를 위한 충분한 양의 풀이 있을 거야. 네게 준 건 아주 작은 양이거든." 내가 말했다.

He bent his head over the drawing.

"Not so small that — Look! He has gone to sleep..."

And that is how I made the acquaintance of the little prince.

VOCA

bend 숙이다, 굽히다 | acquaintance 친분, 아는 사람, 지인

JEFF의 핵심

1. **That is how ~**   ~한 방법 / 그것이 ~한 방법(방식)이다.

   That is how I study English.
   That is how he solved the problem.
   That is how Jeff teaches English.

2. **make the acquaintance of ~**   ~와 아는 사이가 되다

   Where did you make the acquaintance of this lady?

Translation
그는 그림 위로 고개를 숙였다. "그렇게 작지는 않은걸. 봐! 벌써 잠들어버렸어." 이런 식으로 해서 나는 어린 왕자와 친해지게 되었다.

It took me a long time to learn where he came from. The little prince, who asked me so many questions, never seemed to hear the ones I asked him. It was from words dropped by chance that, little by little, everything was revealed to me.

VOCA

by chance 우연히 | reveal 드러내다

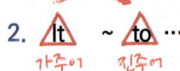

1. (, ,)
   콤마 콤마 구조는 부연설명! 항상 괄호로 묶어 해석!

2. It ~ to ···
   가주어   진주어

   It is important to learn English.

Translation

내가 그가 어디서 왔는지를 아는 데는 오랜 시간이 걸렸다. 어린 왕자는 내게 수많은 질문을 해댔지만, 정작 내가 그에게 묻는 질문에는 별로 귀를 기울이는 것 같지 않았다. 나에게 모든 것들이 조금씩 드러나게 된 것은 그가 우연히 흘린 말들 덕분이었다.

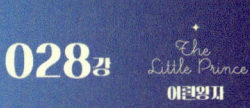

The first time he saw my airplane, for instance (I shall not draw my airplane; that would be much too complicated for me), he asked me: "What is that object?"

"That is not an object. It flies. It is an airplane. It is my airplane."

VOCA

for instance 예를 들어 | complicated 복잡한 | object 물체

JEFF의 핵심

1. **/** ;

   세미콜론이 보이면 확! 끊기!

Translation

예를 들어, 그가 내 비행기를 처음으로 보았을 때(내 비행기는 그리지는 않겠다. 왜냐하면 그것은 나에게는 너무도 복잡한 그림이니까.) 그는 나에게 물었다. "이 물건은 뭐야?" "그건 물건이 아니야. 그건 비행기야. 내 비행기지."

And I was proud to have him learn that I could fly. He cried out, then: "What! You dropped down from the sky?"

"Yes," I answered, modestly.

"Oh! That is funny!" And the little prince broke into a lovely peal of laughter, which irritated me very much. I like my misfortunes to be taken seriously. Then he added:

VOCA

proud 자랑스러운 | drop down 떨어지다 | modestly 겸손하게 | break into (웃음 따위를) 터뜨리다
peal (웃음 따위가) 큰 소리 | irritate 짜증나게 하다 | misfortune 불운

JEFF의 핵심

1. have + 목적어 + 동사원형

I had him go.

I am afraid to have her talk.

2. 5형식 반드시 이해! (목적어와 to+V 가 새로운 주술관계 만들어짐!)

I like him to stay in my house.
I would like him to come to my house.

3. 앞명사 / 앞문장전체 , which

콤마 다음의 which는 반드시 앞명사, 혹은 앞문장 전체 내용을 which에다 대입시키는 느낌으로 해석을 잡는다!

She gave me a present, which made me happy.

Translation

내가 날 수 있다는 것을 그가 알게 한 것에 대해 자랑스러워했다. 그러자 그는 소리쳤다. "뭐! 아저씨가 하늘에서 떨어졌다고?" "그래." 나는 겸손하게 대답했다. "오! 흥미로운데!" 그리고는 어린 왕자는 사랑스러운 웃음을 터뜨렸는데, 그 웃음은 나를 몹시 짜증나게 했다. 나는 나의 불행이 진지하게 받아들여 지길 바랬다. 그리고는 그가 덧붙였다.

  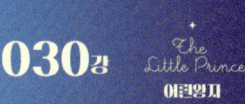

"So you, too, come from the sky! Which is your planet?"

At that moment I caught a gleam of light in the impenetrable mystery of his presence; and I demanded, abruptly:

"Do you come from another planet?" But he did not reply. He tossed his head gently, without taking his eyes from my plane:

VOCA

planet 행성 | gleam 어슴푸레한 빛, 어슴푸레 빛나다 | impenetrable 불가사의한 | presence 존재
demand 요구하다 | abruptly 불쑥 | reply 대답하다

JEFF의 핵심

1. 긴 영어문장에 자신감을 가지기 위해서는 '끊어읽기'가 중요!

-〉 문장에서 전치사를 만나면 살짝 끊어간다!

Translation

"그럼 아저씨도 하늘에서 왔구나! 아저씨 행성은 모야?" 그 순간 나는 그의 존재의 신비로움을 헤아릴 수 있는 한 줄기 빛을 느끼게 되었고, 불쑥 물었다." 그럼 넌 다른 행성에서 왔니?" 그러나 그는 대답은 하지 않고, 내 비행기로부터 눈을 떼지 않으며 머리를 가볍게 끄덕였다.

"It is true that on that you can't have come from very far away..."

And he sank into a reverie, which lasted a long time. Then, taking my sheep out of his pocket, he buried himself in the contemplation of his treasure.

VOCA

sank (sink(빠지다)의 과거형) | reverie 몽상(=daydream) | contemplation 사색, 명상

JEFF의 핵심

1. It ~ that
   가주어 진주어

   It is true that Jeff is handsome guy.
   가주어   진주어

2. 앞명사, which — which 앞에 콤마가 있을 경우 앞명사를 which에다가 대입!
   대입

3. ~ing -) ~하면서 〈문두〉 문장 앞에 위치한 ~ing는 '~하면서'라는 해석을 우선 떠올린다.
   Taking coins out of his pocket, he smiled.
   〈꺼내면서〉

Translation

"사실 저걸 타고서 멀리서 오지는 못하지." 그리고는 한참 동안 그는 깊은 생각에 잠겼다. 그러고는 주머니에서 내가 그려 준 양의 그림을 꺼내고서는 그 보물을 심각하게 바라봤다.

032강 The Little Prince 어린왕자

You can imagine how my curiosity was aroused by this half-confidence about the "other planets." I made a great effort, therefore, to find out more on this subject. "My little man, where do you come from? What is this 'where I live,' of which you speak? Where do you want to take your sheep?"

VOCA

curiosity 궁금증 | arouse 불러일으키다 | half-confidence 불확실, 반신반의 | effort 노력

JEFF의 핵심

1. 간접의문문!

→ 의문문이 문장 속에 쏘~옥 들어간 '의+주+동' 부분 찾기!

2. 문장 중간 'to + 동사원형' (~하기 위해서)

→ 문장 중간에 앞의 명사를 수식하지 않는 'to+동사원형'의 가장 흔한 해석은 '~하기 위해서'이다.

She drinks only water to keep her in shape.
　　　　　　　　　　　　　~하기 위해서

Translation

당신은 "다른 행성들"이라는 불확실한 이야기에 나의 호기심이 얼마나 자극되었을지 상상할 수 있을 것이다. 나는 이 문제에 대해서 좀 더 많은 것을 알아내려고 무척이나 노력했다. "얘야, 너는 어디서 왔지? 네가 말하는 '내가 살던 곳'이라니? 너의 양을 어디로 데려가고 싶은 거니?"

After a *reflective silence* he answered:

"The thing that is so good about the box you have given me is that at night he can use it as his house."

"That is so. And if you are good I will give you a *string*, too, so that you can tie him during the day, and a *post* to tie him to."

VOCA

reflective 사색적인, 생각에 잠기는 | silence 침묵 | string 줄 | post 말뚝

JEFF의 핵심

1. 명사 + (that + 동사) ~

   I like the cat that has black stripe.

2. 명사 + (that + 주어 + 동사)

   I liked the T-Shirt that you threw away.

3. ~ be that ...   ~는 that 이하이다

   The important thing is that we need help.

   that 이하이다

Translation

그는 조용히 생각에 잠기고 나서는 대답했다. "아저씨가 내게 준 상자의 좋은 점은 밤에 양이 그걸 자기 집으로 사용할 수 있다는 거야." "그건 그래, 그리고 네가 착하게 굴면, 낮에 양을 묶어 놓을 수 있는 밧줄과 묶어 둘 말뚝도 줄게."

034강 The Little Prince 어린왕자

영문 Audio 듣기

어린왕자 34강 강의 수강

But the little prince seemed shocked by this offer:

"Tie him! What a queer idea!"

"But if you don't tie him," I said, "he will wander off somewhere, and get lost." My friend broke into another peal of laughter: "But where do you think he would go?"

VOCA

shock 충격, 충격을 주다 | offer 제안 | queer 괴상한 | wander off 헤매다 | get lost 길을 잃다

JEFF의 핵심

〈모두〉
1. 접속사 ~ⓢ / S + V

   If you don't exercise, / you will gain weight.

2. 간접의문문

   -〉 'do you think' 는 항상 괄호 처리!

   Where (do you think) he lives?

   'do you think' 보이면 무조건 괄호로 묶는다!

Translation

그러나 어린 왕자는 이 제안에 몹시 놀란 듯했다. "양을 묶으라고! 참 이상한 생각이네." "하지만 매 놓지 않으면 양이 길을 잃어버릴 수도 있을 텐데." 나는 말했다. 그러자 내 친구 어린 왕자는 또다시 웃음을 터뜨렸다. "아저씨는 양이 어디로 갈 수 있다고 생각하는 거야?"

"Anywhere. Straight ahead of him."

Then the little prince said, earnestly:

"That doesn't matter. Where I live, everything is so small!"

And, with perhaps a hint of sadness, he added:

"Straight ahead of him, nobody can go very far..."

VOCA

straight 똑바로 | ahead 앞에, 앞으로 | earnestly 진지하게

JEFF의 핵심

1. 할 수 있다는 자신감 가지세요 ^^
   English is easier than you think.

2. matter의 뜻 잘 기억!

   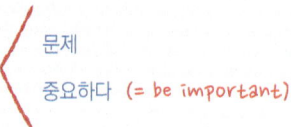
   문제
   중요하다 (= be important)

Translation

"어디든지 곧장 앞으로 가겠지." 내 말에 어린 왕자는 진지하게 대답했다.
"괜찮아. 내가 사는 곳은 모든 것이 아주 작으니까." 그리고는 조금은 슬픈 표정으로 다시 덧붙여 말했다. "앞으로 곧장 가도, 아무도 그렇게 멀리 갈 수가 없어."

036강 The Little Prince 어린왕자

I had thus learned a second fact of great importance: this was that the planet the little prince came from was scarcely any larger than a house! But that did not really surprise me much. I knew very well that in addition to the great planets — such as the Earth, Jupiter, Mars, Venus — to which we have given names, there are also hundreds of others, some of which are so small that one has a hard time seeing them through the telescope.

VOCA

thus 그래서 | fact 사실 | in addition to ~일 뿐만 아니라 | Jupiter 목성 | Mars 화성 | Venus 금성
telescope 망원경

JEFF의 핵심

1. be that ~   …은 that 이하이다
2. 명사 + (S + V1 …) / V2
3. 명사 + 전치사 + which

   This is the place at which we ate something.

4. so ~ that …   너무 ~해서 …하다
   원인   결과

Translation

이렇게 하여 나는 중요한 두 번째 사실을 알게 되었다: 어린 왕자가 온 행성은 집 한 채보다 겨우 조금 더 크다는 것이다! 하지만, 그것은 나에게 놀라운 일은 아니었다. 나는 지구, 목성, 화성, 금성같이 사람들이 이름을 붙여 놓은 큰 행성들 외에도 수백 개의 다른 행성들이 있는데, 그것 중 몇몇은 너무도 작아서 망원경으로도 보기 힘들다는 것을 잘 알고 있었다.

When an astronomer discovers one of these he does not give it a name, but only a number. He might call it, for example, "Asteroid 325".

VOCA

astronomer 천문학자 | asteroid 소행성

JEFF의 핵심

1. not A but B   A가 아니라 B다
   호응

2. (,   ,)   부연설명

   콤마 콤마 구조는 반드시 괄호로 묶어 처리!

Translation
천문학자가 행성을 발견하면 이름을 붙이지 않고, 번호를 붙여준다. 예를 들어 그는 다음과 같이 말할 것이다. "소행성 325호"

I have serious reason to believe that the planet from which the little prince came is the asteroid known as B-612.

This asteroid has only once been seen through the telescope.

That was by a Turkish astronomer, in 1909.

VOCA

serious 심각한, 진지한, 분명한 | Turkish 터키의

JEFF의 핵심

1. 명사 + (to + 동사원형)

2. V + that ~
   ~을/를

3. 명사 + / 전치사 + which

   This is the house / in which he lived.

Translation

나는 어린 왕자가 온 행성이 이 소행성 B612라고 믿는 분명한 이유를 가지고 있다. 그 소행성은 딱 한 번 망원경을 통해 보였다. 그것은 1909년에 터키의 천문학자에 의해 이루어졌다.

On making his discovery, the astronomer had presented it to the International Astronomical Congress, in a great demonstration. But he was in Turkish costume, and so nobody would believe what he said. Grown-ups are like that...

VOCA

discovery 발견 | present 발표하다 | international 국제 | astronomical 천문학의
congress 의회 | demonstration 증명 | Turkish costume 터키 전통의상

JEFF의 핵심

1. On ~ ing ~하자마자

2. what + 허전한 문장
   ~하는 것

   What I need is your love.
   ~하는 것

Translation

천문학자는 발견하자마자 국제 천문학회에서 훌륭한 증명과 함께 그 행성의 발견을 발표했다. 하지만, 그가 터키 전통 옷을 입고 있었기 때문에 아무도 그의 말을 믿어 주지 않았다. 어른들은 늘 이런 식이다.

  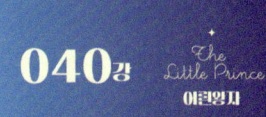

040강 The Little Prince 어린왕자

Fortunately, however, for the reputation of Asteroid B-612, a Turkish dictator made a law that his subjects, under pain of death, should change to European costume. So in 1920 the astronomer gave his demonstration all over again, dressed with impressive style and elegance.

VOCA

fortunately 다행히도 | reputation 명성 | dictator 독재자 | impressive 인상적인 | elegance 고상함

JEFF의 핵심

1. (,) 부연설명

2. , p.p.
   ~되면서

I ran, surprised at the news
   ~되면서

Translation

하지만 다행히도 소행성 B612와 관련된 명성 덕분에 터키의 한 독재자가 신하들에게 유럽식 옷을 입지 않으면 사형에 처한다고 하는 법을 제정하였다. 그래서 그 천문학자는 1920년에 매우 멋진 스타일의 옷을 입고 다시 한번 증명을 내놓을 수 있게 되었다.

And this time everybody accepted his report. If I have told you these details about the asteroid, and made a note of its number for you, it is on account of the grown-ups and their ways. Grown-ups love figures. When you tell them that you have made a new friend, they never ask you any questions about essential matters.

VOCA

accept 인정하다 | report 보고서 | on account of ~때문에 | figures 숫자 | essential 본질적인

JEFF의 핵심

1. **make a note of ~**   ~의 메모를 하다

2. **on account of ~**   ~때문에

Translation

그러자 이번에는 모든 사람이 그의 보고를 믿었다. 내가 소행성 B612에 관해 이렇게 자세히 이야기하고 그 번호를 알려주는 것은 어른들과 그들의 방식 때문이다. 어른들은 숫자를 좋아한다. 당신이 새로 사귄 친구 이야기를 할 때, 그들은 가장 본질적인 것들에 대해서는 절대 물어보지 않는다.

  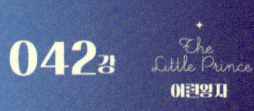

They never say to you, "What does his voice sound like? What games does he love best? Does he collect butterflies?" Instead, they demand: "How old is he? How many brothers has he? How much does he weigh? How much money does his father make?"

VOCA
butterfly 나비 | instead 대신에 | weigh 무게가 ~이다

JEFF의 핵심

1. 의문문 어순 조심

   동사가 앞으로!
   의문사는 맨 앞!

Translation
그들은 절대 "그의 목소리는 어떠니? 그 친구가 가장 좋아하는 게임은 뭐니? 나비를 수집하니?"라는 말은 절대로 하지 않는다. 대신에 그들은 질문한다: "나이가 몇이지? 형제는 몇이니? 체중은 얼마나 나가니? 아버지는 얼마나 버시니?"

Only from these figures do they think they have learned anything about him.

If you were to say to the grown-ups: "I saw a beautiful house made of rosy brick, with geraniums in the windows and doves on the roof," they would not be able to get any idea of that house at all. You would have to say to them:

VOCA

rosy brick 장미빛 벽돌 | geranium 제라늄(화초) | dove 비둘기

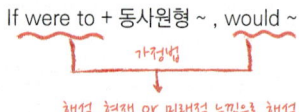

1. Only 도치 구문! only가 문두로 나가면 '주어+동사' 어순이 '동사+주어' 어순으로 바뀐다.

I met Jeff only yesterday.

Only yesterday did I meet Jeff.
조동사 주어 동사

2. 가정법 구문

If were to + 동사원형 ~ , would ~
가정법

해석: 현재 or 미래적 느낌으로 해석

Translation

그들은 오직 이런 숫자들만 보고 그에 대해 뭔가 알았다고 생각한다. 만약 당신 어른들에게 "창가에 제라늄 화분이 있고, 붉은색 벽돌로 만들어진 아름다운 집을 봤어요. 지붕에도 비둘기들도 있어요."라고 말한다면, 어른들은 절대 그 집이 어떤 집인지 알 수가 없다. 너는 어른들에게 다음과 같이 말해야 한다.

044강

"I saw a house that cost $20,000." Then they would exclaim: "Oh, what a pretty house that is!"

VOCA

cost (값, 비용이)…이다.(들다) | exclaim 감탄하다, 소리치다

JEFF의 핵심

1. would   ~일거다

2. 명사 + (that + V)

Translation

"20,000달러짜리 집을 보았어요." 그러면 어른들은 "아, 참으로 예쁜 집이구나!"라며 소리치게 될 거다.

영문 Audio 듣기

어린왕자 45강 강의 수강

Just so, you might say to them: "The proof that the little prince existed is that he was charming, that he laughed, and that he was looking for a sheep. If anybody wants a sheep, that is a proof that he exists." And what good would it do to tell them that?

VOCA

proof 증거 | exist 존재하다 | charming 매력적인

JEFF의 핵심

1. 동격의 that (~라는)

   I know the fact that Jeff is a very kind guy.

2. ~ be that … ~은 that 이하이다

   be동사와 that이 나란히 붙어 있을 때는 반드시 위 해석을 떠올린다!

3. A, B, and C 콤마와 and로 연결!

   세 가지 나란히 연결될 때 반드시 위 원칙을 지켜야 함을 잊지 말자!

Translation
그렇다면 당신은 그들에게(어른들에게) 말할 수 있을 것이다. "어린 왕자가 존재했다는 증거는 그가 매력적이었고, 웃었고, 양 한 마리를 찾고 있었다는 거야. 만약 어떤 사람이 양을 갖고 싶어 한다면 그건 그가 이 세상에 존재하는 증거야" 근데 그들에게 그렇게 말하는 것이 무슨 소용이 있겠는가?

  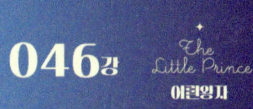

They would shrug their shoulders, and treat you like a child.

But if you said to them: "The planet he came from is Asteroid B-612," then they would be convinced, and leave you in peace from their questions.

VOCA

shrug 으쓱하다 | treat 취급하다, 대하다 | convince 확신시키다 | peace 평화

JEFF의 핵심

1. If 과거동사 …, would + V

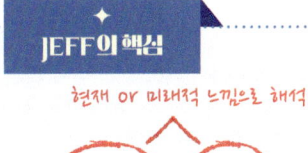

현재 or 미래적 느낌으로 해석!

과거동사가 쓰였지만 그 앞에 If가 보인다면
과거가 아닌 '현재 내지는 미래'적 느낌으로 해석!

If I were you, I would learn English

Translation

그들은 어깨를 한번 으쓱하고는 당신을 어린아이처럼 대할 거야. 하지만, 만약 당신이 다음과 같이 그들에게(어른들에게) 말한다고 생각해보자. "그가 온 행성이 소행성 B612에요." 그러면 그들은 확신하고 질문을 하지 않을 것이다. (당신은 그들이 던지는 질문으로부터 평화로워질 것이다)

They are like that. One must not hold it against them. Children should always show great forbearance toward grown-up people. But certainly, for us who understand life, figures are a matter of indifference. I should have liked to begin this story in the fashion of the fairy-tales.

VOCA

forbearance 관용, 인내 | certainly 분명히 | indifference 무관심 | fashion 형식, 방식 | fairy-tales 동화

JEFF의 핵심

1. (,) 부연설명

2. **should have p.p.** ~했어야 했는데… (과거 일에 대한 유감이나 후회의 느낌)

   I should have studied hard.
   → 공부 열심히 하지 않아서 후회!

Translation

어른들은 그런 식이다. 어른들의 그런 면에 집착하지는 말자. 아이들은 항상 어른들에게 인내심을 가지고 대해야 한다. 하지만 인생을 진정 이해하고 있는 우리에게 숫자 같은 것들은 별로 중요한 일이 아니다! 나는 이 이야기를 동화처럼 이야기 했어야 했다.(그렇지 못해 후회스럽고 유감스럽다)

048강

I should have liked to say: "Once upon a time there was a little prince who lived on a planet that was scarcely any bigger than himself, and who had need of a sheep…"

To those who understand life, that would have given a much greater air of truth to my story.

VOCA

once upon a time 옛날 옛적에 | greater ~보다 큰 | air 느낌, 인상, 태도

JEFF의 핵심

1. **should have + p.p.** ~했어야 했는데… (과거 일에 대한 유감이나 후회의 느낌)

   I should have met her.

2. **would have + p.p.** ~이었을 텐데…

Translation

나는 다음과 같이 말했어야 했다. "옛날 옛적에 자기 몸집과 거의 비슷한 크기의 행성에서 살고 있는 어린 왕자가 있었는데, 그는 양 한 마리를 가지고 싶었습니다." 인생을 이해하는 사람들에게는 그렇게 말하는 것이 훨씬 더 사실인 듯한 느낌을 줄 수 있었을 것이다.

영문 Audio 듣기 | 어린왕자 49강 강의 수강

For I do not want anyone to read my book carelessly. I have suffered too much grief in setting down these memories. Six years have already passed since my friend went away from me, with his sheep. If I try to describe him here, it is to make sure that I shall not forget him.

VOCA

carelessly 무관심하게 | suffer 고통 받다 | grief 슬픔 | describe 설명하다, 묘사하다

JEFF의 핵심

부연설명

1. for + S + V

for가 접속사로 쓰일 경우 뒤에 '주어+동사' 관계가 보이며 이 때 for해석은 '왜냐하면' 으로 한다.

2. 5형식 이해!

　I want you.
　I want you to read the book.
　　　　　　주술관계

3. It ~ that …
　가주어   진주어

Translation

왜냐하면 어떠한 사람도 나의 책을 무관심하게 읽는 것을 바라지 않기 때문이다. 이 추억을 꺼내놓으면서 나는 깊은 슬픔 때문으로 고통받는다. 내 친구가 나로부터 그의 양과 함께 떠나가 버린 지도 벌써 6년이란 시간이 흘렀다. 내가 여기서 그를 떠올려 이야기하려고 애쓰는 것은 그를 잊지 않기 위함이다.

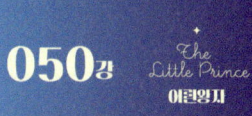

To forget a friend is sad. Not everyone has had a friend. And if I forget him, I may become like the grown-ups who are no longer interested in anything but figures...

It is for that purpose, again, that I have bought a box of paints and some pencils.

VOCA

anything but ~외에는 아무것도, ~결코 아닌 | purpose 목적

JEFF의 핵심

1. **명사 + who + V**

    I hate people who make a lot of noise.

2. **but**　~를 제외하고는

    I want nobody but you.
    ~을 제외하고는

Translation

한 친구를 잊는다는 것은 슬픈 일이다. 모든 사람이 (진실한) 친구를 가지는 것은 아니다. 내가 만약 그를 잊는다면 나 또한 숫자 외에는 흥미가 없는 어른들과 같은 사람이 될지도 모르는 일이다. 내가 그림물감 한 상자와 연필을 산 것은 이러한 목적에서였다. (그를 잊지 않기 위함이었다.)

영문 Audio 듣기

It is hard to take up drawing again at my age, when I have never made any pictures except those of the boa constrictor from the outside and the boa constrictor from the inside, since I was six. I shall certainly try to make my portraits as true to life as possible. But I am not at all sure of success.

VOCA

take up 다시 시작하다 | except ~을 제외하고는 | since ~이래로 | possible 가능한

JEFF의 핵심

1.
   It ~ to
   가주어 진주어

2. as ~ as possible 가능한 한 ~하게

   I ran as fast as possible.

Translation
여섯 살 이후로 보아뱀의 겉모습과 내부 모습을 그려본 것 이외에는 그림을 그려 본 일이 없는 내가 이 나이에 다시 그림을 그리려고 하는 것은 정말 힘든 일이다. 나는 가능한 한 실물에 가까운 초상화를 그려 보려고 노력은 할 것이다. 하지만 성공을 확신하지는 않는다.

One drawing goes along all right, and another has no resemblance to its subject. I make some errors, too, in the little prince's height: in one place he is too tall and in another too short. And I feel some doubts about the color of his costume.

VOCA

go along 진행되다 | resemblance 유사, 닮음 | error 실수 | doubt 의문

1. **go along** 진행되다

   go along all right 잘 진행되다

Translation

어떤 그림은 그럭저럭 괜찮지만, 또 어떤 그림은 전혀 닮지 않았다. 어린 왕자의 키에 있어서는 잘못 그리기도 했다. 어떤 그림에서는 어린 왕자가 너무 크고 다른 그림에서는 너무 작게 그렸다. 그의 옷 색깔에 대해서는 나 역시 의구심이 든다.

So I fumble along as best I can, now good, now bad, and I hope generally fair-to-middling.

In certain more important details I shall make mistakes, also.

But that is something that will not be my fault.

VOCA

fumble 만지작거리다, 더듬거리다 | **generally** 대부분 | **fair-to-middling** 그저 그런, 특별히 좋지도 나쁘지도 않은

1. fair-to-middling(= so-so)   그저 그만한

2. 명사 + (that + V)

   something (that will be my fault)

Translation

나는 나름대로 최선을 다해서 그렸고, 좋게도 혹은 나쁘게도 그려졌다. 내가 할 수 있는 한 최선을 다해서 그림을 그렸고, 대부분 그럭저럭 무난하기를 바란다. 좀 더 중요한 부분에서 나는 실수를 저질렀을 수도 있다. 하지만 나의 잘못으로 인한 것이 아닌 그림도 있다.

My friend never explained anything to me. He thought, perhaps, that I was like himself. But I, alas, do not know how to see sheep through the walls of boxes. Perhaps I am a little like the grown-ups. I have had to grow old.

VOCA
perhaps 아마도 | alas 아아 (슬픔 또는 유감을 나타내는 소리)

JEFF의 핵심

1. V + that(~을/를) + S + V …

    I thought that I was perfect

2. had to + 동사원형   ~했어야 했다
   have had to + 동사원형   ~했어야 했다 (그 결과가 현재 남아있다)

   잘 비교!
   had to + 동사원형   ~했어야 했다
   should have + p.p.   ~했어야 했는데 (그러지 못해 후회스럽고 유감스럽다)

   I had to meet her.

   I should have met her.

Translation
내 친구는 그 어떤 설명도 해주지 않았다. 아마도 내가 자기와 비슷하다고 생각했던 것 같다. 하지만, 불행히도 나는 상자 안쪽에 있는 양을 볼 줄 모른다. 나도 조금은 어른들과 비슷한 점이 있는 것 같다. 나도 어느새 나이가 들어 버렸나 보다.

As each day passed I would learn, in our talk, something about the little prince's planet, his departure from it, his journey. The information would come very slowly, as it might chance to fall from his thoughts.

VOCA

departure 출발 | journey 여정 | information 정보

JEFF의 핵심

1. **/ ,** 콤마는 쉬어가라는 뜻!

2. **chance to + 동사원형** 우연히 ~하다
   chance to win the race : 우연히 경기에 이기다

Translation
날이 지날수록 어린 왕자와의 대화를 통해 그의 여행, 그가 어떻게 떠나왔는지, 어린 왕자의 행성에 대한 것들을 알게 되었다. 어린 왕자가 주는 정보는 그의 생각으로부터 서서히 우연히 흘러나왔다. (의도하지 않고 내뱉은 어린 왕자의 말에서 조금씩 조금씩 정보를 얻을 수 있었다)

It was in this way that I heard, on the third day, about the catastrophe of the baobabs. This time, once more, I had the sheep to thank for it. For the little prince asked me abruptly — as if seized by a grave doubt — "It is true, isn't it, that sheep eat little bushes?"

VOCA

catastrophe 재앙, 비극 | baobab 바오밥 나무 | abruptly 불쑥 | seize 사로잡다 | grave 예사롭지 않은, 심각한
bush 작은 나무, 관목

JEFF의 핵심

1. It ~ that
   It ~ that 강조구문 : It과 that 사이 단어가 강조!

2. as if ~   마치 ~인 것 처럼

Translation
이런 식으로 해서 사흘째 되는 날 바오밥나무의 재앙(비극)을 듣게 되었다. 이번에도 또다시 양의 덕택이었다. 몹시 궁금한 점이 생긴 듯이 어린 왕자가 불쑥 물었다. "양이 작은 나무를 먹는다는 게 사실이지? 그렇지?"

"Yes, that is true."

"Ah! I am glad!"

I did not understand why it was so important that sheep should eat little bushes. But the little prince added:

"Then it follows that they also eat baobabs?"

VOCA

glad 기쁜 | bush 작은나무 | add (말을) 덧붙이다 | follow 결과가 나오다

JEFF의 핵심

1. It ~ that

   It was so important that we should eat vegetables.

   의문문이 문장 속에 쏘~옥!

2. 「의문사 + S + V」 문장속에 보인다면 → 간접의문문!

Translation

"그럼! 사실이야." "아! 그럼, 다행이야!" 나는 양이 작은 나무를 먹는다는 사실이 왜 그리 중요한 사실인지 이해할 수 없었다. 그러나 어린 왕자는 덧붙여 말했다. "그럼 양은 바오밥나무도 먹는거야?"

 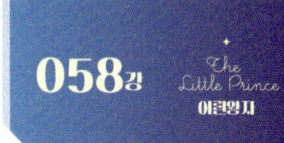

I pointed out to the little prince that baobabs were not little bushes, but, on the contrary, trees as big as castles; and that even if he took a whole herd of elephants away with him, the herd would not eat up one single baobab.

VOCA

point out 지적하다 | on the contrary 반대로 | castle 성 | herd 떼

JEFF의 핵심

1. V + that ~을/를

2. A and B 연결

3. not A but B   A가 아니라 B

Translation

나는 어린 왕자에게 바오밥나무는 작은 나무가 아니라, 성만큼이나 큰 나무이고, 한 떼의 코끼리를 데려간다고 하더라도 그 코끼리 떼가 바오밥나무 한 그루도 다 먹어 치우지 못할 것이라고 말해주었다.

The idea of the herd of elephants made the little prince laugh.

"We would have to put them one on top of the other," he said.

But he made a wise comment:

"Before they grow so big, the baobabs start out by being little."

VOCA

wise 현명한 | comment 말 | start out 시작하다

JEFF의 핵심

주술관계

1. make + 목적어 + 동사원형

2. by ~ ing ~함으로써

   I can be happy by teaching English.

Translation

한 떼의 코끼리라는 말에 어린 왕자를 웃었다. "코끼리들을 한 마리씩 위로 포개 놓아야겠네." 그가 말했다. 그런데 그가 현명한 대답을 했다. "바오밥나무도 처음엔 작잖아?"

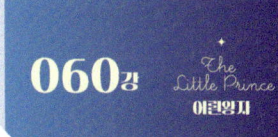

060강 The Little Prince 어린왕자

"That is strictly correct," I said. "But why do you want the sheep to eat the little baobabs?"

He answered me at once, "Oh, come, come!", as if he were speaking of something that was self-evident.

VOCA
strictly 엄밀하게 | at once 즉시 | self-evident 자명한

JEFF의 핵심

1. want + 목적어 + to + 동사원형 *(주술관계)*

2. as if ~ 과거동사 마치 ~인 것 처럼

   He acts / as if he were a gentleman.
   → 과거 동사 모양이지만
   절대 과거해석 ✗ 현재 or 미래적 느낌 ○

Translation
"엄밀히 말하면 그렇지! 나는 말했다. "그런데 왜 양이 바오밥나무를 먹었으면 하는 거야?" 어린 왕자가 즉시 대답했다. "오! 이봐요!" 어린 왕자는 그게 자명한 사실이라는 듯 말했다.

And I was obliged to make a great mental effort to solve this problem, without any assistance. Indeed, as I learned, there were on the planet where the little prince lived — as on all planets — good plants and bad plants.

VOCA

be obliged to+V 어쩔 수 없이 ~하다 | mental 정신의 | solve 풀다 | assistance 도움
indeed 정말로

JEFF의 핵심

1. be obliged to + 동사원형   어쩔 수 없이 ~하다

2. 문장 중간 「to + 동사원형」의 유력한 해석?   ~하기 위해서

3. 장소 표현 + (where + S + V)

Translation
그래서 나는 아무런 도움 없이 그 의문점을 풀기 위해 엄청난 정신적인 노력을 기울여야 했다. 정말 어린 왕자가 사는 행성에는 다른 모든 행성과 마찬가지로 좋은 나무와 나쁜 나무가 있었다.

In consequence, there were good seeds from good plants, and bad seeds from bad plants. But seeds are invisible. They sleep deep in the heart of the earth's darkness, until someone among them is seized with the desire to awaken.

VOCA

in consequence 결과적으로 | invisible 보이지 않는 | darkness 어둠
be seized with ~에 사로잡히다 | desire 욕망 | awaken 깨다

JEFF의 핵심

1. **until** ~ 전까지

2. 명사 + (to + 동사원형)

    Something (to drink)

3. **be seized with ~** ~에 사로잡히다

Translation

결과적으로 거기에는 좋은 나무로부터는 좋은 씨앗이 있고, 나쁜 나무에는 나쁜 씨앗이 있었다. 그러나 씨앗은 눈에 보이지 않는다. 그것 중 어느 하나가 잠에서 깨어나고 싶어 하는 욕망에 사로잡히기 전까지 그것들은 땅속 깊은 곳에 조용히 잠들어 있다.

Then this little seed will stretch itself and begin — timidly at first — to push a charming little sprig inoffensively upward toward the sun. If it is only a sprout of radish or the sprig of a rosebush, one would let it grow wherever it might wish.

VOCA

stretch oneself 기지개를 켜다 | timidly 소심하게 | sprig 잔가지
inoffensively 해가 되지 않게 | sprout 싹 | radish 무 | rosebush 장미덤불

JEFF의 핵심

1. 동사 + (to) + 동사원형
   ~하기를

2. let + 목적어 + 동사원형
   주술관계

He let me go.

Translation
그러면 그것은 기지개를 켜고 - 처음에는 소심하게 기지개를 켜고 - 아무에게도 해가 되지 않도록 매력적인 작은 싹을 태양을 향해 틔우기 시작한다. 그것이 만약 무나 장미 덤불의 싹이라면 원하는 장소 어디서나 자라나도록 내버려 둔다.

But when it is a bad plant, one must destroy it as soon as possible, the very first instant that one recognizes it. Now there were some terrible seeds on the planet that was the home of the little prince; and these were the seeds of the baobab.

VOCA

destroy 파괴하다 | instant 즉각적인 | recognize 알아보다 | terrible 끔찍한, 나쁜

JEFF의 핵심

1. **as soon as possible**   가능한 한 빨리

   Send me e-mail as soon as possible.

2. **the instant ~**   ~하자마자
   the very first instant ~   ~하는 첫 순간

3. **명사 + (that + V)**

Translation

하지만 나쁜 나무일 경우라면 가능한 한 빨리 알아채는 첫 순간에 다 뽑아 버려야 한다. 하지만, 어린 왕자의 집이 있는 별에는 나쁜 씨앗들이 있었다. 그것들은 바오밥나무의 씨앗이었다.

The soil of that planet was infested with them. A baobab is something you will never, never be able to get rid of if you attend to it too late. It spreads over the entire planet. It bores clear through it with its roots. And if the planet is too small, and the baobabs are too many, they split it in pieces...

VOCA

infest (해충이) 들끓다 | get rid of 처리하다 | attend to 신경 쓰다, 정성을 들이다 | spread 퍼지다
bore ~에 구멍을 뚫다 | root 뿌리 | split 쪼개다

JEFF의 핵심

1. 명사 + (S + V)

2. attend to ~   ~을 돌보다

3. 접속사 ~ /ⓞ 끊어야 문장이 보인다!
   〈뜯두〉

Translation

그 행성의 땅은 그것들(바오밥나무)의 씨앗들로 가득했다. 그런데 네가 너무 늦게 바오밥나무에 신경쓰게 되면, 절대 바오밥나무를 없앨 수 없다. 바오밥나무는 걷잡을 수 없이 퍼져버린다. 뿌리로 행성에 구멍을 뚫어 버린다. 그래서 행성은 너무 작은데 바오밥나무가 너무 많으면 행성이 산산조각 나버리는 것이다.

"It is a question of discipline," the little prince said to me later on. "When you've finished your own toilet in the morning, then it is time to attend to the toilet of your planet, just so, with the greatest care. You must see to it that you pull up regularly all the baobabs, at the very first moment when they can be distinguished from the rosebushes which they resemble so closely in their earliest youth.

VOCA
discipline 훈련, 규율 | toilet 몸단장(현대 영어에서는 잘 쓰이지 않는 뜻) | regularly 정기적으로 | resemble 닮은

JEFF의 핵심

생략가능

1. (so) that ~   ~하기 위해서

   that ~   ~하기 위해서

   You must study hard (so) that you can succeed.
   ~하기 위해서

2. 명사 + (which + S + V)

Translation
"그건 훈련의 문제야." 나중에 어린 왕자가 나에게 말했다. "네가 아침에 화장하고 나면 마찬가지로 정성 들여서 행성의 몸단장을 해주어야 해. 나무는 어릴 때는 장미 덤불과 매우 유사한데, 그것이 커서 장미 덤불과 구별될 때 초기에 바로바로 뽑아버려야 해.

It is very tedious work," the little prince added, "but very easy."

And one day he said to me:

"You ought to make a beautiful drawing, so that the children where you live can see exactly how all this is.

VOCA

tedious 싫증나는 | ought to ~해야 한다 | exactly 정확히

JEFF의 핵심

1. so that ~ 그래서

   So that 앞에 콤마가 있을 때 -> "그래서"

   You must be honest, so that children can learn from you.

2. 간접의문문 -> 의문문이 문장 속에 쏘~옥!

   「의문사 + 주어 + 동사」 어순이 문장 중간이 보임!

Translation

"그것은 매우 지루한 일이지만 쉬운 일이기도 해." 어린 왕자가 덧붙여 말했다. "아저씨가 사는 행성에 사는 어린아이들이 모든 일이 어떻게 돌아가고 있는지 알 수 있도록 예쁜 그림을 하나 그려야 해."

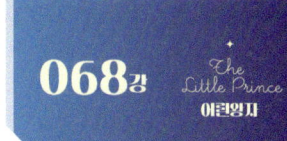

That would be very useful to them if they were to travel someday. Sometimes," he added, "there is no harm in putting off a piece of work until another day. But when it is a matter of baobabs, that always means a catastrophe.

VOCA

useful 유용한 | harm 해, 피해 | put off 연기하다

JEFF의 핵심

현재 or 미래적 느낌으로 해석!

1. If ~ were to …, would + 동사원형

   would + 동사원형, if ~ were to …

현재 or 미래적 느낌으로 해석!

2. in ~ ing ~할 때, ~하는 데

Translation

"언젠가 어린아이들이 여행할 때, 그것이 도움이 될 수도 있을 거야." 그는 덧붙였다. "할 일을 뒤로 미루는 것이 때로는 해가 되지 않을 수 있지. 하지만 바오밥나무 문제의 경우에는 그랬다가는 언제나 큰 비극이 뒤따르게 돼."

I knew a planet that was inhabited by a lazy man. He neglected three little bushes..."

So, as the little prince described it to me, I have made a drawing of that planet. I do not much like to take the tone of a moralist.

VOCA

neglect 방치하다, 무시하다 | take the tone of ~말투를 쓰다 | moralist 도덕주의자

JEFF의 핵심

1. 명사 + (that + V)

   I knew a house (that was beautiful.)

2. take the tone of ~   ~의 목소리를 내다(~의 말투를 쓰다)

Translation

"난 게으름뱅이가 살고 있는 행성을 알고 있었어. 그는 작은 나무 세 그루를 내버려 두었어." 그래서 어린 왕자가 알려 주는 대로 나는 그 행성을 그렸다. 나는 도덕주의자 같은 투로 말하는 것을 좋아하지 않는다.

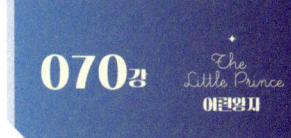

070강 The Little Prince 어린왕자

But the danger of the baobabs is so little understood, and such considerable risks would be run by anyone who might get lost on an asteroid, that for once I am breaking through my reserve. "Children," I say plainly, "watch out for the baobabs!" My friends, like myself, have been skirting this danger for a long time, without ever knowing it; and so it is for them that I have worked so hard over this drawing.

VOCA
considerable 상당한 | risk 위험 | reserve 침묵 | plainly 분명히 | skirt (문제를) 피해가다

JEFF의 핵심

1. so ~ that … 너무 ~해서 …하다

so와 that 이 붙어있지 않고 떨어져 있음에 유의!

I am so angry that I can't speak anything.
    원인   결과

2. have been ~ing 과거부터 지금까지 쭈~욱 해오고 있는 중!

We have been waiting for you.

Translation
그러나 바오밥나무의 위험이 거의 알려지지 않고, 소행성에서 길을 잃게 될 사람이 겪을 위험은 너무도 크기 때문에, 이번 한 번은 침묵을 깨고 말하려 한다. "어린이 여러분! 바오밥나무를 조심하세요!" 나는 분명히 말했다. 내 친구들은 나처럼 오랫동안 알지도 못한 채로 이런 위험을 피해 왔었다. 그래서 내가 이 그림을 그리는 것에 열심인 것은 그들을 위해서이다.

Oh, little prince! Bit by bit I came to understand the secrets of your sad little life... For a long time you had found your only entertainment in the quiet pleasure of looking at the sunset. I learned that new detail on the morning of the fourth day, when you said to me:

VOCA

bit by bit 점차적으로 | entertainment 즐거움 | sunset 일몰 | detail 사실, 정보

1. **come to + 동사원형**   ~하게 되다

   I came to love you.

Translation

오! 어린 왕자여, 나는 너의 슬픈 인생의 비밀을 조금씩 조금씩 알게 되었어. 오랫동안 너는 일몰을 바라보는 고요한 즐거움만을 가졌었어. 나흘째 되는 아침에, 네가 내게 이렇게 말했을 때 나는 그 새로운 사실을 알게 되었어.

"I am very fond of sunsets. Come, let us go look at a sunset now."

"But we must wait," I said.

"Wait? For what?"

"For the sunset. We must wait until it is time."

At first you seemed to be very much surprised. And then you laughed to yourself. You said to me:

VOCA

fond 좋아하는 | sunset 일몰 | until ~(전)까지

JEFF의 핵심

1. until ~(전)까지

It was not until 1999 that I learned English.
나는 1999년 되어서야 비로소 영어를 배웠다.

2. (all) to yourself 혼자

3. be fond of ~ ~를 좋아하다

I am fond of movies.

Translation

"나는 일몰을 좋아해. 아저씨 나랑 같이 해지는 걸 보러 가자" "기다려야 해." 내가 대답했다. "뭘 기다려?" "일몰을 보기 위해 해가 지기를 기다려야 해." 처음에 너는 몹시 놀라는 듯했으나, 곧 자기 말이 우스운 듯 웃음을 터뜨렸지. 그러고는 나에게 말했어.

영문 Audio 듣기

"I am always thinking that I am at home!"

Just so. Everybody knows that when it is noon in the United States the sun is setting over France. If you could fly to France in one minute, you could go straight into the sunset, right from noon. Unfortunately, France is too far away for that.

VOCA

noon 정오 | straight 곧장 | unfortunately 불행하게도 | far away 멀리 떨어져

JEFF의 핵심

1. V + that ~ (~을/를)

2. { 접속사 + (접속사 ~), / S + V }

   중괄호, 소괄호 처리를 잘 해야 한다! 그래야 문장이 보인다!

   I know { that (when you are studying English), / you are so happy. }

Translation

"난 내가 우리 집에 있다고 항상 생각해." 그렇다. 모두 사람들이 미국에서 정오일 때 프랑스에서는 해가 진다라는 사실을 알고 있다. 프랑스로 1분 안에 날아갈 수만 있다면 바로 정오에 해가 지는 광경을 볼 수 있을 것이다. 그러나 불행히도 프랑스는 너무 멀리 떨어져 있다.

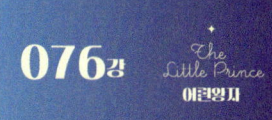

But on your tiny planet, my little prince, all you need do is move your chair a few steps. You can see the day end and the twilight falling whenever you like...

"One day," you said to me, "I saw the sunset forty-four times!"

And a little later you added:

VOCA
tiny 작은 | twilight 황혼

1. be (to) + 동사원형
   ~하는 것

   My plan is to go to France.

2. 명사 + (S + V₁) ··· / V₂

   All you need to do is (to) like yourself.

Translation

그러나 너의 작은 별에서는 네가 해야 할 일은 의자를 몇 발짝 뒤로 물려 놓는 것이지. 그래서 네가 언제나 원할 때면 언제나 해가 지고 뜨는 것을 바라볼 수 있었지. "어느 날 난 해가 지는 걸 마흔네 번이나 보았어!" 잠시 후 너는 덧붙여 말해주었지.

"You know — one loves the sunset, when one is so sad..."

"Were you so sad, then?" I asked, "on the day of the forty-four sunsets?"

But the little prince made no reply.

JEFF의 핵심

하면된다!
벌써 어린왕자 77강입니다.
'어린왕자 반드시 독파하실 수 있습니다! 홧팅!

Translation
"있잖아, 누가 일몰을 좋아하는 것은 그 사람이 슬플 때야." 난 물었다.
"마흔 세 번 본 날 그럼 너는 몹시 슬펐던 거야?" 그러나 어린 왕자는 아무런 대답이 없었다.

On the fifth day — again, as always, it was thanks to the sheep — the secret of the little prince's life was revealed to me.

Abruptly, without anything to lead up to it, and as if the question had been born of long and silent meditation on his problem, he demanded:

VOCA
thanks to ~덕분에 | abruptly 갑자기 | meditation 명상

JEFF의 핵심

1. — ( ) —
   부연설명

2. without anything (to lead up to it) 밑도 끝도 없이
   밑도 끝도 없이

3. as if ~ had + p.p. 마치 ~였던 것 처럼
   과거 느낌으로 해석!

   as if + 과거동사 마치 인 것 처럼
   현재 or 미래 느낌으로 해석!

Translation
닷새째 되는 날 — 역시나, 언제나 그랬듯이 양 덕분에 — 작은 왕자의 삶의 비밀이 내게 드러났다. 밑도 끝도 없이 불쑥, 마치 오랜 침묵 속에서 문제를 깊이 고민한 끝에 나온 질문인 것처럼 그가 물었다:

"A sheep — if it eats little bushes, does it eat flowers, too?"

"A sheep," I answered, "eats anything it finds in its reach."

"Even flowers that have thorns?"

"Yes, even flowers that have thorns."

"Then the thorns — what use are they?" I did not know. At that moment I was very busy trying to unscrew a bolt that had got stuck in my engine.

VOCA

reach 닿을 수 있는 거리(범위) | thorn 가시 | unscrew 나사를 풀다 | get stuck 꼼짝 못하게 되다

JEFF의 핵심

1. 명사 + (S + V)

2. 명사 (that + V)

   I don't like flowers (that have thorns.)

3. had + p.p. 과거완료 (과거보다 더 이전의 일)

Translation

"양은 작은 나무를 먹을 수 있다면 꽃도 역시 먹겠지?" 나는 대답했다. "양은 아무거나 닥치는 대로 먹어." "가시가 있는 꽃도 먹어?" "그럼. 가시가 있는 꽃도 먹고말고." "그럼 가시는 무슨 소용이 있어?" 나도 그 사실은 알지 못했다. 그때 나는 내 엔진에 꽉 끼어 버린 나사를 풀려고 안간힘을 쓰느라 너무 바빴다.

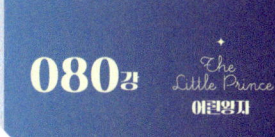

080강 The Little Prince 어린왕자

I was very much worried, for it was becoming clear to me that the breakdown of my plane was extremely serious. And I had so little drinking-water left that I had to fear for the worst.

"The thorns — what use are they?"

VOCA
breakdown 고장 | extremely 극도로 | fear 두려워하다

JEFF의 핵심

1. **for** + S + V
   왜냐하면

2. **It** ~ **that** …
   가주어   진주어

3. **so** ~ **that** … 너무 ~해서 …하다
   원인   결과

   He is **so** clever **that** everyone likes him.
   원인   결과

Translation

비행기의 고장이 매우 심각하다는 것이 명확해지고 있어 나는 극도로 불안했다. 그리고 나는 마실 물도 부족했기 때문에 최악의 상황을 걱정해야 했다. "가시들은 무엇에 쓰는 거지?"

The little prince never let go of a question, once he had asked it.

As for me, I was upset over that bolt. And I answered with the first thing that came into my head:

"The thorns are of no use at all. Flowers have thorns just for spite!"

VOCA

let go 놓다 | upset 당황한, 걱정한 | spite 심술, 악의

JEFF의 핵심

1. ⓞnce + S + V
   일단 ~하면

2. 명사 + (that + V)

   I said the first thing (that came into my head.)

   나는 내 머리에 떠오른 첫 번째를 말했다.

Translation

어린 왕자는 일단 질문을 하면, 그 질문을 절대 놓치는 법이 없다. 나는 볼트 때문에 몹시 화가 나 있었다. 나는 무성의하게 머리에 떠오르는 대로 아무렇게나 대답해 버렸다. "가시는 아무 쓸모가 없어. 꽃들이 그저 심술부리는 거지."

082강 The Little Prince 어린왕자

"Oh!"

There was a moment of complete silence. Then the little prince flashed back at me, with a kind of resentfulness:

"I don't believe you! Flowers are weak creatures. They are naive. They reassure themselves as best they can. They believe that their thorns are terrible weapons..."

VOCA

flash back 톡 쏘아보다, 회상하다 | resentfulness 분개, 성남 | naive 순진한 | reassure 안심시키다

JEFF의 핵심

1.  쉬어가라는 뜻

2. V + (that) ~
   ~을/를

Translation

"오!" 잠시 완전한 침묵의 시간이 흘렀다. 어린 왕자는 화가 난 듯이 나에게 톡 쏘아붙이며 말했다. "그건 거짓말이야! 꽃들은 연약해. 순진하다고. 꽃들은 그들이 할 수 있는 최선의 방식으로 자신을 보호하는 거야. 그들은 자신들의 가시가 무서운 존재가 된다고 믿어."

영문 Audio 듣기

I did not answer. At that instant I was saying to myself: "If this bolt still won't turn, I am going to knock it out with the hammer." Again the little prince disturbed my thoughts:

"And you actually believe that the flowers — "

VOCA

at that instant 그 순간 | knock (something) out ~ 때려 부수다 | disturb 방해하다

JEFF의 핵심

1. 〈문두〉 (전치사 ~) / S + V
   → 주어를 찾아 그 앞에서 끊는다!

   (At that moment) / I started talking.

2. V + that …
   ~을/를
   I believe / that you didn't steal my money.
   ~을/를

Translation

나는 아무 대답도 하지 않았다. 그 순간 나는 "이 볼트가 계속 돌아가지 않으면 망치로 두들겨 부숴 버려야겠어."라고 생각하고 있었다. 어린 왕자는 또다시 내 생각을 방해했다. "아저씨는 정말로 믿고 있어? 꽃이 말이야…"

084강 The Little Prince 어린왕자

"Oh, no!" I cried. "No, no, no! I don't believe anything. I answered you with the first thing that came into my head. Don't you see — I am very busy with matters of consequence!" He stared at me, thunderstruck. "Matters of consequence!" He looked at me there, with my hammer in my hand, my fingers black with engine-grease, bending down over an object which seemed to him extremely ugly...

VOCA
matters of consequence 중요한 일 | thunderstruck 벼락 맞은 듯한 | grease 기름

JEFF의 핵심

1. 명사 + (that + V)

2. 명사 + (which + V)

Translation
"그만해! 안돼!" 나는 소리쳤다. "난 되는대로 아무거나 머리에 떠오른 대로 대답했을 뿐이야. 안 보여? 난 지금 정말 중요한 일을 하느라 바빠!" 그는 깜짝 놀란 모습으로 나를 바라보았다. "중대한 일이라고?" 망치를 손에 들고서 손가락 은 시커멓게 기름 투성이가 된 채로, 그에게는 매우 못생겨 보이는 물체(비행기) 위로 몸을 구부리고 있는 나의 모습을 물끄러미 바라보고 있었다.

"You talk just like the grown-ups!"

That made me a little ashamed. But he went on, relentlessly:

"You mix everything up together... You confuse everything..."

VOCA

go on (이야기를) 계속 하다 | relentlessly 집요하게, 가차없이 | confuse 혼동하다

JEFF의 핵심

1.
   make + 사람 + 사람 기분 형용사   사람이 형용사 하도록 만들다.

   I made him   happy.
                 ashamed.
                 angry.

2.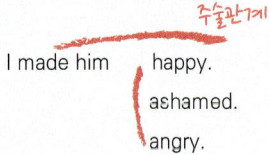
   He worked on without a break.

Translation

"아저씨는 어른들처럼 말하네. 그 말은 나를 부끄럽게 만들었다. 그런데도 그는 사정없이 말을 계속했다. "아저씨는 모든 걸 혼동하고 있어. 모든 걸 혼동하고 있다고!"

He was really very angry. He tossed his golden curls in the breeze.

"I know a planet where there is a certain red-faced gentleman.

He has never smelled a flower.

VOCA

breeze 산들바람 | red-faced 붉은 얼굴의

JEFF의 핵심

장소 표현

1. 명사 + (where + S + V)

   This is the place (where we met for the first time.)

2. have p.p. ~한 적이 있다

   have never p.p. ~한 적이 없다

Translation

그는 정말로 화를 냈다. 바람에 온통 금빛인 그의 머리칼이 흩날리고 있었다. "나는 얼굴이 빨간 신사가 살고 있는 행성을 알고 있어. 그는 꽃향기를 맡아본 적이 없지."

He has never looked at a star. He has never loved any one. He has never done anything in his life but add up figures. And all day he says over and over, just like you: 'I am busy with matters of consequence!'

VOCA

figure 숫자, 수치 | over and over 반복하여 | matter of consequence 중요한 일

JEFF의 핵심

1. **but**   그러나
   ~외에는

   I want nobody but you.
   ~외에는

2. **over and over**   반복하여

Translation

그는 별을 바라본 적도 없고. 아무도 사랑해 본 일도 없어. 그는 오로지 일생을 계산만 하면서 살아왔어. 그래서 하루 종일 아저씨처럼 "나는 중대한 일을 하느라 몹시 바빠."라고, 말하지.

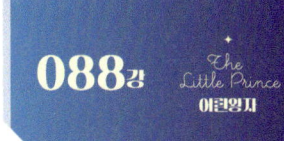

And that makes him swell up with pride. But he is not a man —

he is a mushroom!"

"A what?"

"A mushroom!"

The little prince was now white with rage.

"The flowers have been growing thorns for millions of years. For

millions of years the sheep have been eating them just the same.

VOCA
swell up 부풀다 | mushroom 버섯 | rage 분노

JEFF의 핵심

1. make + 목적어 + 동사원형
   주술관계

2. have been ~ing 과거부터 지금까지 쭉~ 하고 있는 중 (현재완료진행형)

   I have been waiting for you.

3. (전치사 + 명사) / S + V 〈문두〉

Translation
그렇게 말하는 것이 그를 교만함으로 가득 차게 만들지. 하지만 그는 사람이 아니야. 버섯이야" "뭐라고?" "버섯이라고!" 어린 왕자는 이제 너무 화가 나서 얼굴이 하얗게 질려 있을 지경이었다. "수백만 년 동안 꽃들은 가시를 만들어왔어. 마찬가지로 양도 수백만 년 전부터 꽃을 먹어 왔지."

영문 Audio 듣기

And is it not a matter of consequence to try to understand why the flowers go to so much trouble to grow thorns which are never of any use to them? Is the warfare between the sheep and the flowers not important? Is this not of more consequence than a fat red-faced gentleman's sums?

VOCA

thorn 가시 | warfare 전투, 싸움 | sum 계산

JEFF의 핵심

1. It ~ to …

2. 『의문사 + 주어 + 동사』
   -> 간접의문문 (의문문이 문장 속에 쏘~옥!)

3. 명사 + (which + V)

Translation

그런데 아무런 쓸모없는 가시를 만들어 내느라 꽃들이 애쓰는 이유를 아는 것이 중요한 일이 아니라는 거야? 양과 꽃들의 전쟁은 중요한 게 아니라는 거야? 그건 빨간 얼굴의 뚱뚱한 신사의 덧셈 계산보다 더 중요한 건 아니라는 거지?

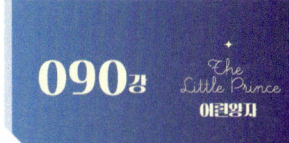

And if I know — I, myself — one flower which is unique in the world, which grows nowhere but on my planet, but which one little sheep can destroy in a single bite some morning, without even noticing what he is doing — Oh! You think that is not important!"

VOCA

unique 유일한, 특별한 / bite 한 입

JEFF의 핵심

1. 명사 + (which + V)
2. 명사 + (which + S + V)
3. without + ~ing ~함이 없이
   전치사 뒤에 동사를 쓸 때는 반드시 동사를 ~ing형태로!
4. what + 허전한 문장
   ~하는 것   뭔가 빠진 듯한 느낌을 의미
   Tell me what you want!
   ~하는 것

Translation

그래서 내 행성 말고는 아무 데서도 자라나지 않고, 세상에서 유일한 꽃이 하나 있어. 근데 양 한 마리가 자신이 무슨 일을 하는지도 모른 채 하루아침의 한입에 베어 물어버려 그 꽃을 파괴해 버릴 수도 있다는 사실을 내가 알고 있어. 오! 그따위 사실은 중요하지 않다는 거지?

His face turned from white to red as he continued:

"If someone loves a flower, of which just one single blossom grows in all the millions and millions of stars, it is enough to make him happy just to look at the stars.

VOCA

blossom 꽃 | million 백만 | enough 충분한

JEFF의 핵심

1. 명사, of which …

   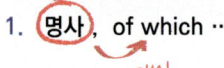
   I saw the house, of which the color is red.

2. It ~ to …
   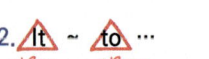

3. enough to + 동사원형 ~하기에 충분한
   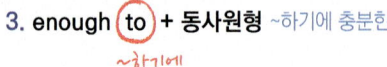
   This car is enough to buy at the price.

Translation

그의 얼굴은 말을 계속함에 따라 빨갛게 변해갔다. "수억 개의 행성 중에 단 하나밖에 존재하지 않는 꽃을 사랑하고 있는 사람은 그저 그 별들을 바라보고 있는 것만으로도 행복해지지."

He can say to himself, 'Somewhere, my flower is there...' But if the sheep eats the flower, in one moment all his stars will be darkened... And you think that is not important!"

He could not say anything more. His words were choked by sobbing.

VOCA
moment 순간 | darken 어두워지다 | choke 숨이 **막히다** | sob 흐느껴 울다

JEFF의 핵심

1. be — ~이다
    — 있다(=존재하다)

2. V + (that) + S + V   *생략 가능!*
        ~을,를

Translation
그는 속으로 '어딘가에 내가 꽃이 있겠지' 하고 생각할 수 있거든. 하지만 양이 그 꽃을 먹어버린다면 한순간에 그에게는 갑자기 모든 별이 사라져 버리게 되는 것이지. 그런데도 그게 별로 중요하지 않다는 거야?" 그는 더 이상 아무 말도 하지 못했다. 그는 흐느껴 울기 시작했다.

The night had fallen. I had let my tools drop from my hands. Of what moment now was my hammer, my bolt, or thirst, or death? On one star, one planet, my planet, the Earth, there was a little prince to be comforted. I took him in my arms, and rocked him. I said to him:

VOCA

hammer 망치 | comfort 위로하다 | rock 흔들다

JEFF의 핵심

1. **let** + 목적어 + 동사원형
   시키다, ~하도록 만들다

2. **of moment** 아주 중요한

3. 명사 + (to + V) ~ 하는
   명사 + (to + be + p.p.) ~되어진, ~받아야 하는

   I have a friend to comfort. 위로 해 줘야 하는
   I have a friend to be comforted. 위로 받아야 하는

Translation

밤이 되었다. 나는 손에서 연장을 내려놓았다. 이 순간 망치, 볼트, 목마름, 죽음 따위가 도대체 무슨 의미인가? 하나의 별, 나의 행성인 지구에 위로 받아야 할 어린 왕자가 있었다. 나는 그를 두 팔로 껴안고 그를 부드럽게 흔들면서 말했다.

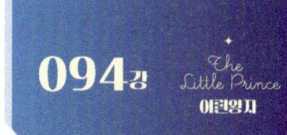

"The flower that you love is not in danger. I will draw you a muzzle for your sheep. I will draw you a railing to put around your flower. I will —"

I did not know what to say to him. I felt awkward and blundering. I did not know how I could reach him, where I could overtake him and go on hand in hand with him once more. It is such a secret place, the land of tears.

VOCA

muzzle 입마개 | railing 울타리 | awkward 어색한 | blunder 실수하다 | overtake 따라잡다

JEFF의 핵심

1. 명사 + (that + S + V₁ ⋯) / V₂

   The man (that I wanted to see) / was away.

2. 「의문사 + 주어 + 동사」=〉 간접의문문! (의문문이 문장 속에 쏘~옥!)

3. go on hand in hand with~   ~와 같은 보조를 취하다

Translation

"네가 사랑하는 꽃은 위험하지 않아. 너의 양에게 입마개를 그려 줄게." 내가 네 꽃 주위를 두를 울타리를 그릴 거야. 나는 더 이상 그에게 무슨 말을 해야 할지 알 수 없었다. 나는 어색했고 무척 서투르게 느껴졌다. 어떻게 그에게 다가서고 어디에서 그를 따라가 다시 한번 손을 잡고 함께 나아갈 수 있을지(보조를 맞출 수 있을지) 알 수 없었다. 그래서 다시 한번 그의 손을 잡았다. 눈물의 나라란 신비로운 곳이다.

I soon learned to know this flower better. On the little prince's planet the flowers had always been very simple. They had only one ring of petals; they took up no room at all; they were a trouble to nobody.

VOCA

simple 간단한 | petal 꽃잎 | take up 차지하다

JEFF의 핵심

1. V + (to) + 동사원형
   ~하기를
   I want to live in Seoul.

2. (전치사 …)/S + V
   〈문두〉
   끊기가 중요!

Translation

나는 곧 그 꽃에 대해서 더 많은 것을 알게 되었다. 어린 왕자의 행성에 있는 꽃은 예전부터 단순했다. 그것들은 오직 한 개의 꽃잎만을 가지고 있었다. 그것들은 공간을 거의 차지하지 않았고 누구에게도 해가 되지 않았다.

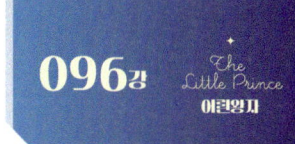

One morning they would appear in the grass, and by night they would have faded peacefully away. But one day, from a seed blown from no one knew where, a new flower had come up; and the little prince had watched very closely over this small sprout which was not like any other small sprouts on his planet.

VOCA
appear 나타나다 | fade away 시들다 | blow (바람이) 불다 | sprout 싹이 나다

JEFF의 핵심

1. would + 동사원형 ~하곤 했다
I would visit Public libraries. (나는 공공 도서관에 방문하곤 했다.)

2. would have + p.p. ~했었을 텐데(실제로는 안 했다는 의미)
He would have joined our meeting. (그는 우리들 모임에 참가했을 텐데...)

3. 명사 + p.p. ~된 / 되어진

Translation
그러던 꽃들은 어느 날 아침에 풀밭에 피어나곤 했다가 저녁이면 시들어 버리곤 했다. 그런데 바람에 날려온 씨앗으로부터 어딘지 아무도 모를 곳에서 꽃이 피었다. 그래서 어린 왕자는 그의 행성에 있는 다른 싹들과는 달라 보이는 이 싹을 유심히 관찰했다.

It might, you see, have been a new kind of baobab.

The shrub soon stopped growing, and began to get ready to

produce a flower.

VOCA

shrub 키 작은 나무(=bush) | produce 생산하다

JEFF의 핵심

1. might have + p.p.   ~이었을지도 모른다

2. stop + ~ing
   ~하는 것을
   He stopped smoking.
   cf. He stopped to smoke.
   ~ 하기 위해

Translation
그것은 새로운 종류의 바오밥 나무일 수도 있었습니다. 그 작은 나무는 곧 성장을 멈추고 꽃을 피우기 위한 준비를 시작했습니다.

098강 The Little Prince 어린왕자

The little prince, who was present at the first appearance of a huge bud, felt at once that some sort of miraculous apparition must emerge from it. But the flower was not satisfied to complete the preparations for her beauty in the shelter of her green chamber.

VOCA
huge bud 큰 봉오리 | miraculous 기적적인 | emerge 나타나다 | preparation 준비 | shelter 은신처 | chamber 방

JEFF의 핵심

1. 명사 **,** who + V
   ↳ 대입
   The man, who is my father, is a great man.
   ↳ 대입

2. (, ,) 부연설명

3. V + that ~
   ~을/를

Translation
커다란 꽃봉오리가 처음 피어나는 순간 자리에 있었던 어린 왕자는 거기에서 어떤 기적 같은 것이 나타나리라고 느끼고 있었다. 그러나 그 꽃은 초록색 방의 안식처에서 아름다움을 위한 준비만 하는 것에 만족하지 않았다.

She chose her colors with the greatest care. She dressed herself slowly. She adjusted her petals one by one. She did not wish to go out into the world all rumpled, like the field poppies. It was only in the full radiance of her beauty that she wished to appear.

VOCA

adjust 정돈하다 | rumple 헝클어뜨리다 | poppy 양귀비 | radiance 광채

JEFF의 핵심

1. **It ~ that 강조**
   -> 강조하고 싶은 말을 It과 that사이에 넣는다!

   I solved the problem yesterday.
   => It was yesterday that I solved the problem.

   강조되는 말

Translation
그녀(꽃)는 매우 세심하게 색깔을 고르고 있었다. 그녀는 천천히 옷을 입고 꽃잎을 하나씩 다듬고 있었다. 그 꽃은 양귀비꽃처럼 헝클어진 모습으로 세상에 모습을 나타내고 싶어 하지 않았다. 그녀가 나타나기를 원했을 때는 자신의 아름다움이 최고로 빛을 발할 때였다.

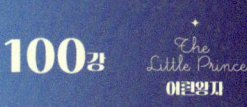

Oh, yes! She was a coquettish creature! And her mysterious adornment lasted for days and days.

Then one morning, exactly at sunrise, she suddenly showed herself. And, after working with all this painstaking precision, she yawned and said:

VOCA

coquettish 요염한 | adornment 꾸밈 | painstaking 공들인 | precision 꼼꼼함
yawn 하품하다

JEFF의 핵심

1.

어휘의 뜻을 명확히 알자!

- last : 지속되다
- for + 기간 : ~동안

2.

- 전치사 앞 살짝!
- , 에서 쉬어가기!

Translation
아! 그 꽃은 참으로 요염했다. 그의 신비로운 몸단장은 며칠 동안 계속되었다. 그리하여 어느 날 아침, 바로 해가 떠 오르자마자, 그 꽃은 갑작스레 모습을 드러냈다. 그런데 그토록 꼼꼼히 몸치장을 한 그 꽃은 하품을 하며 말했다.

"Ah! I am scarcely awake. I beg that you will excuse me. My petals are still all disarranged..."

But the little prince could not restrain his admiration:

"Oh! How beautiful you are!"

"Am I not?" the flower responded, sweetly. "And I was born at the same moment as the sun..."

VOCA

disarrange 헝클어지다 | restrain 억누르다 | admiration 감탄

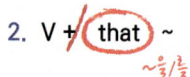

1. **scarcely**
   -> 거의 ~ 않다, 겨우

2. **V + that ~**
   ~을/를
   I beg / that you will forgive me.

Translation

"아! 겨우 막 잠이 깼답니다. 부디 용서해 주시길 바래요. 제 꽃잎들이 아직도 온통 헝클어져 있네요." 어린 왕자는 그때 감탄하지 않을 수 없었다. "참으로 아름다우시군요!" "그렇죠? 그리고 난 태양과 함께 태어났답니다." 꽃이 사랑스럽게 대답했다.

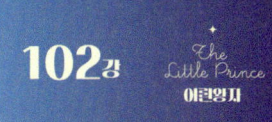

102강 — The Little Prince 어린왕자

The little prince could guess easily enough that she was not any too modest — but how moving — and exciting — she was!

"I think it is time for breakfast," she added an instant later. "If you would have the kindness to think of my needs - "

VOCA

modest 겸손한 | breakfast 아침식사 | instant 즉각적인

JEFF의 핵심

1. V + (that) ~
   ~을/를

   that 앞에 끼어 있는 말이 있을 수 있다!

   He told (me certainly) (that) he loved me.
   끼어있는 말   ~을/를

2. 명사 + (to + 동사원형)

Translation
어린 왕자는 그 꽃이 그다지 겸손하지는 않음을 쉽게 알 수 있었다. 하지만 그 꽃은 너무나 생동감 있고 흥미진진한 존재였다! "아침식사 할 시간이군요." 잠시 후 그 꽃이 다시 말했다. "부탁인데요, 제가 필요로 하는 것을 생각해 주실 수 있으세요?"

영문 Audio 듣기

And the little prince, completely abashed, went to look for a sprinkling-can of fresh water. So, he tended the flower. So, too, she began very quickly to torment him with her vanity — which was, if the truth be known, a little difficult to deal with.

VOCA

abashed 당황한, 창피한 | sprinkling-can 물뿌리개 | tend 돌보다 | torment 괴롭히다 | vanity 허영심

JEFF의 핵심

1. (, ,) 부연설명

2. V to 동사원형
   ~하기를

3. 형용사 + to + 동사원형
   ~하기에

   This problem is difficult to deal with.

Translation

어린 왕자는 몹시 당황하여 신선한 물이 담긴 물뿌리개를 찾으러 갔다. 그리고, 그 꽃을 돌보아 주었다. 꽃은 태어나자마자 사실상 다루기 꽤 힘든 존재인 양 까다로운 허영심으로 그를 괴롭히기 시작했다.

104강 The Little Prince 어린왕자

One day, for instance, when she was speaking of her four thorns, she said to the little prince:

"Let the tigers come with their claws!"

"There are no tigers on my planet," the little prince objected. "And, anyway, tigers do not eat weeds."

VOCA
claw 발톱 | object 반박하다, 항의하다 | weed 잡초

JEFF의 핵심

주술관계

1. **let** + 목적어 + **동사원형**

시키다
허락하다

He let me go.
Let me go.

→ 동사원형으로 시작 -> 명령문

Translation
어느 날은 자기가 가진 네 개의 가시에 관해 이야기할 때 어린 왕자에게 이렇게 말했다. "호랑이들이 발톱을 세우고 오게 해도 좋아요!" "내 별에 호랑이들은 없어요. 그리고 어쨌든 호랑이들은 잡초를 먹지도 않고요." 어린 왕자가 말했다.

"I am not a weed," the flower replied, sweetly.

"Please excuse me…"

"I am not at all afraid of tigers," she went on, "but I have a

horror of drafts. I suppose you wouldn't have a screen for me?"

VOCA

sweetly 상냥하게 | draft 바람 (*뜻이 매우 다양한 단어임) | screen 벽, 바람막이

JEFF의 핵심

1. V + (that) + S + V
   ~을/를
   이 때의 that은 생략가능!

I suppose (that) you wouldn't believe that.

Translation
"저는 잡초가 아니에요.." 그 꽃이 상냥하게 대답했다. "용서해 주세요." "난 호랑이는 전혀 무섭지 않지만 바람은 두려워요. 혹시 바람막이 가지고 있지 않으세요?"

106강 The Little Prince 어린왕자

"A horror of drafts — that is bad luck, for a plant," remarked the little prince, and added to himself, "This flower is a very complex creature..."

"At night I want you to put me under a glass globe. It is very cold where you live. In the place I came from — "

VOCA
remark 말하다 | complex 복잡한, 어려운 | glass globe 유리덮개

JEFF의 핵심

1. 5형식 어순!

I want you.
I want you to learn English.
주술관계

2.

where + S + V
~하는 곳에서는

Translation
"바람을 무서워 하다니요. 식물로서는 참 안된 일이네요."라고 말했다. 그리고 어린 왕자는 '속으로 생각했다 이 꽃은 아주 까다로운 식물이군.'. "저녁에는 나에게 유리 덮개를 씌워 주세요. 당신이 살고 있는 이곳은 정말 추워요. 하지만 내가 살던 그곳에는…"

But she interrupted herself at that point. She had come in the form of a seed. She could not have known anything of any other worlds. Embarrassed over having let herself be caught on the verge of such a naive untruth, she coughed two or three times, in order to put the little prince in the wrong.

VOCA

interrupt 중단시키다, 방해하다 | embarrass 당황스럽게 만들다 | on the verge of ~의 직면한 | naive 순진한

JEFF의 핵심

1. had come → P.P형태
   과거완료 → 과거보다 더 이전!

2. p.p. <문두> ~ ,
   ~되면서

3. ~ing ~하는 것
   having p.p. ~했던 것
   더 과거의 의미

Translation
그러나 꽃은 그 시점에서 스스로 멈추었다. 그 꽃은 씨앗의 형태로 여기에 왔다. 다른 세상에 대해서는 아는 게 하나도 없다. 그런 뻔한 거짓말을 하려다 들통난 게 부끄러워져 어린 왕자에게 잘못을 돌리기 위해 기침을 두세 번 했다.

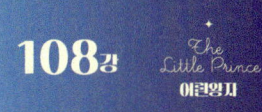

" The screen?"

" I was just going to look for it when you spoke to me..."

Then she forced her cough a little more so that he should suffer

from remorse just the same.

VOCA

force 억지로 하다 | suffer 고통받다 | remorse 후회, 회한

JEFF의 핵심

1. was going to + 동사원형   ~하려고 했었다(못했다)

I was going to say.
I was going to do it.   '~하려고 했었는데 못했다' 라는 의미
I was going to pay.

2. /so that ~   ~하기 위해서

I went to the concert early /so that I might get a good seat.

Translation
"바람막이 있으세요?" "지금 막 찾아보려는 참이었는데 당신이 말을 계속해서요…" 그러자 그 꽃은 어린 왕자에게 양심의 가책을 느끼게 하려고 조금 더 심하게 기침했다.

영문 Audio 듣기

So the little prince, in spite of all the good will that was inseparable from his love, had soon come to doubt her. He had taken seriously words which were without importance, and it made him very unhappy.

VOCA

inseparable 떼어놓을 수 없는 | unhappy 불행한

JEFF의 핵심

1. **명사 + (that + V)**
   that 이하가 앞의 명사 수식

2. **come to + 동사원형** ~하게 되다
   I came to doubt her.
   ~의심하게 되었다

3. **명사 + (which + V)**
   I don't like cats which have black fur.
   which 이하가 앞의 명사를 수식!

Translation

그리하여 어린 왕자는 사랑에서 우러나온 선의에도 불구하고 곧 꽃을 의심하기 시작했다. 그는 대수롭지 않은 말들을 심각하게 받아들였고, 그것으로 인해 몹시 불행해졌다.

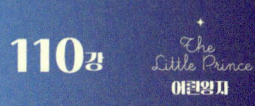

"I ought not to have listened to her", he confided to me one day.

"One never ought to listen to the flowers. One should simply look at them and breathe their fragrance. Mine perfumed all my planet.

VOCA

confide ~에게 (비밀을) 털어놓다 | fragrance 향기

JEFF의 핵심

1. ought to have p.p. (= should have p.p.)
~했었어야 했는데 (실제로는 하지 않아서 후회스럽고 유감스러움)

I should have met her.

I should have attended Jeff's class.

Translation
"꽃이 하는 말에 귀를 기울이지 말아야 했어. 꽃들의 말엔 절대로 귀를 기울이면 안 되는 거였는데." 그는 내게 털어놓았다. "그저 바라보고 향기를 맡기만 해야 해. 내 꽃은 내 행성의 모든 곳에 향기를 냈어."

But I did not know how to take pleasure in all her grace. This tale of claws, which disturbed me so much, should only have filled my heart with tenderness and pity."

VOCA

tenderness 부드러움, 다정함 | pity 연민, 측은히 여김

JEFF의 핵심

1. how to + 동사원형 ~하는 방법

I want to know how to drive.

2. 명사, which + V

콤마 which가 보이면 앞의 명사를 which에다가 대입!

Translation

그런데도 나는 꽃의 우아함 속에서 기쁨을 즐기는 법을 몰랐어. 그 호랑이 발톱 이야기에 짜증이 나기도 했지만 실은 다정해하고 측은해했어야 옳았던 거야."

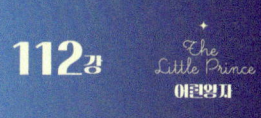

And he continued his confidences:

"The fact is that I did not know how to understand anything! I ought to have judged by deeds and not by words. She cast her fragrance and her radiance over me.

VOCA

confidence 확신, 비밀 | deed 행동 | cast (향기를) 주다, (시선, 미소 등을) 보내다

JEFF의 핵심

1. S + be + that ~   S는 that 이하이다

The fact is that I didn't do anything.
사실은 that 이하이다.

Translation

그는 비밀이야기를 계속했다. "사실 난 나는 그때 아무것도 이해할 수 없었어. 나는 그 꽃의 말이 아니라 행동을 보고 판단했어야만 했어. 그 꽃은 나에게 향기와 광채를 줬어.

영문 Audio 듣기

I ought never to have run away from her... I ought to have guessed all the affection that lay behind her poor little stratagems. Flowers are so inconsistent! But I was too young to know how to love her …"

VOCA

affection 애정 | stratagem 책략, 술수 | inconsistent 모순된, 일관성 없는

JEFF의 핵심

1. 명사 + (that + V)

2. 형용사 + / to + 동사원형
   ~하기에
   He is too young / to enter the school.

Translation

"나는 절대 꽃으로부터 도망치지 말았어야 했어. 꽃의 서툰 꾀의 뒤에 숨겨진 모든 애정을 깨달았어야 했는데⋯ 꽃들은 정말 모순덩어리야! 하지만 난 사랑하는 방법을 알기에는 너무 어렸던 것 같아."

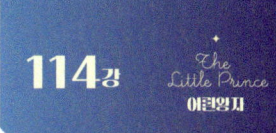

114강 — The Little Prince 어린왕자

I believe that for his escape he took advantage of the migration of a flock of wild birds. On the morning of his departure he put his planet in perfect order. He carefully cleaned out his active volcanoes.

VOCA

advantage 이점 | migration 이동 | flock 떼 | volcano 화산

JEFF의 핵심

1. V + (that) ~
   ~을/를

   동사 다음에 that이 나올 때 그 that의 가장 흔한 해석은 '~을/를' 해석!

2. 〈뜬두〉
   (전치사 + 명사) / S + V

   전치사가 문두에 올 때 위의 그림처럼 묶고 끊어 읽어야 한다!

Translation
나는 어린 왕자가 행성을 떠나오는 데 철새들의 이동을 이용했다고 믿는다. 떠나는 날 아침 그는 자기 행성을 잘 정돈해 놓았다. 그는 활화산들을 조심스레 잘 청소했다.

He possessed two active volcanoes; and they were very

convenient for heating his breakfast in the morning. He also

had one volcano that was extinct. But, as he said, "One never

knows!" So he cleaned out the extinct volcano, too.

VOCA

possess 소유하다 | convenient 편리한 | extinct (화산이) 활동을 그친, 멸종된

JEFF의 핵심

1. 접속사 앞 확!

2. 전치사 앞 살짝!

긴 영어문장의 해석 능력은 결국은 끊어읽기!

Translation
그는 두 개의 화산을 가지고 있었고, 아침 식사를 데우는데 매우 편리했다. 그는 또한 꺼져버린 화산도 하나 가지고 있었다. 그러나 그가 말했듯이 "어떻게 될지 아무도 알 수 없는 일이지". 그래서 그는 불 꺼진 화산도 잘 청소해 두었다.

116강

The Little Prince 어린왕자

If they are well cleaned out, volcanoes burn slowly and steadily, without any eruptions. Volcanic eruptions are like fires in a chimney.

On our earth we are obviously much too small to clean out our volcanoes. That is why they bring no end of trouble upon us.

VOCA

steadily 꾸준히 | eruption 폭발 | chimney 굴뚝 | obviously 분명히

JEFF의 핵심

1. like
- 좋아하다
- ~와 같은

He's very like his father.
　　　　~와 같은

2. 형용사 + to + 동사원형
　　　　　~하기에

형용사 다음에 to+동사원형이 나오면 to는 '~하기에' 라고 해석!

3. That is why~ 그래서

He is so clever. That's why I like him.
　　　　　　　　　　　그래서

Translation
화산들은 잘 청소되어 있으면 폭발하지 않고 서서히 그리고 꾸준히 타오른다. 화산의 폭발은 벽난로의 불과 마찬가지다. 물론 우리 지구에서는 인간들이 너무나 작아서 화산을 청소할 수가 없다. 그래서 화산이 끊임없이 우리에게 문제를 일으키는 것이다.

영문 Audio 듣기

The little prince also pulled up, with a certain sense of dejection, the last little shoots of the baobabs. He believed that he would never want to return. But on this last morning all these familiar tasks seemed very precious to him.

VOCA

dejection 낙담 | shoot 순, 싹 | familiar 익숙한, 친근한 | precious 값진

JEFF의 핵심

1. (,   ,)
       ↳ 부연설명

    <문두>
2. (전치사 + 명사)/S + V

Translation
어린 왕자는 약간 낙담한 심정으로 바오밥나무의 마지막 싹들을 뽑았다. 그는 다시는 돌아오고 싶지 않을 거라 믿었다. 그런데 친숙한 그 모든 일들이 그날 아침에는 매우 소중하게 느껴졌다.

118강

And when he watered the flower for the last time, and prepared to place her under the shelter of her glass globe, he realized that he was very close to tears.

"Goodbye," he said to the flower.

But she made no answer.

VOCA

water 물을 주다 | prepare 준비하다 | glass globe 유리덮개

JEFF의 핵심

1. (A) and (B)   A와 B는 문법적으로 같은 자격!
   과거동사   과거동사

2. V + (that) ~
   ~을/를

3. be close to ~   금방 ~할 것 같은 (~에 가깝다)

Translation

그래서 그 꽃에 마지막으로 물을 주고 유리 덮개를 씌워 주려고 할 때, 그는 금방이라도 울고 싶은 심정인 걸 깨달았다. "잘 있어." 그는 꽃에 말했다. 그러나 그녀는(꽃) 대답하지 않았다. "잘 있어." 그가 다시 말했다.

The flower coughed. But it was not because she had a cold.

"I have been silly," she said to him, at last.

"I ask your forgiveness. Try to be happy..."

VOCA

at last 마침내 | forgiveness 용서

JEFF의 핵심

1.

I was silly. -> 과거의 특정 시점에서만 어리석었음

I have been silly. -> 과거의 특정 시점에서 어리석었고,
그 어리석음이 지금도 남아 있는 느낌 (지금 반성하는 느낌)

2. 동사원형으로 시작하는 문장?

-> 명령문!!

Translation

꽃은 기침을 했다. 하지만 그녀가 감기에 걸렸기 때문이 아니었다. "내가 어리석었어요. 용서해 주세요. 행복해 지려고 노력하길 바래요." 꽃이 그에게 말했다.

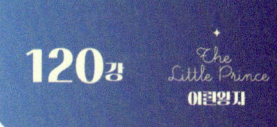

He was surprised by this absence of reproaches. He stood there all bewildered, the glass globe held arrested in mid-air. He did not understand this quiet sweetness.

"Of course I love you," the flower said to him.

VOCA

reproach 원망, 비난 | bewilder 당황케 하다, 혼란스럽게 만들다

JEFF의 핵심

1. → 수동의 의미를 담기!
   p.p.   ~되어진 채로(~되면서)
   ~ing   ~하면서

2. Jeff ① (exhausted by the work,) got a cup of coffee.
   P.P 지치게 되어

   Jeff likes to sleep listening to music.
   들으면서

Translation

어린 왕자는 그를 원망하지 않는 말투에 놀랐다. 그는 유리 덮개를 손에 든 채로 어쩔 줄 모르고 어리둥절한 채로 거기 서 있었다. 꽃의 그 조용한 상냥함을 이해할 수 없었다. "물론이에요, 난 당신을 사랑해요." 꽃이 그에게 말했다.

The Little Prince

어린왕자 영어 365

The Little Prince

Part

02.

121~240강

영문 Audio 듣기

"It is my fault that you have not known it all the while. That is of no importance. But you — you have been just as foolish as I. Try to be happy... Let the glass globe be. I don't want it anymore."

VOCA

all the while 그동안 죽, 내내 | foolish 어리석은

JEFF의 핵심

1. It ~ that …
   It is your fault that I was injured.

2. as ~ as … …만큼 ~한

3. be
   ~이다
   있다(존재하다)
   be동사의 두 번째 뜻인 '있다,존재하다'라는 뜻에 유의!

Translation

"당신이 오랫동안 그 사실을 몰랐던 것은 제 잘못이에요. 그건 중요한 일이 아니에요. 하지만 당신도 나와 마찬가지로 어리석었어요. 행복해지려고 노력해 보세요. 유리 덮개는 그냥 내버려 두세요. 그런 건 이제 필요 없어요."

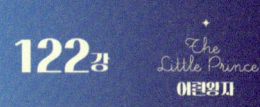

"But the wind — "

"My cold is not so bad as all that... The cool night air will do me good. I am a flower."

"But the animals — "

"Well, I must endure the presence of two or three caterpillars if I wish to become acquainted with the butterflies."

VOCA

endure 견디다 | caterpillar 애벌레 | acquainted 알고 있는

JEFF의 핵심

1. **V + to + 동사원형**
   ~하기를

   I wish to buy the car.

2. **be(become) acquainted with ~**   ~와 알다(알고 지내다)

   He is well acquainted with Korean food.

Translation

"하지만 바람이..." "내 감기는 그렇게 심하지 않아요.. 선선한 밤공기는 내게 좋아요. 나는 꽃이니까요." "하지만 짐승들이..." "나비들과 가깝게 지내고 싶으면 두세 마리 정도의 애벌레는 견뎌야 해요."

It seems that they are very beautiful. And if not the butterflies — and the caterpillars — who will call upon me? You will be far away... As for the large animals — I am not at all afraid of any of them. I have my claws."

VOCA

butterfly 나비 | caterpillar 애벌레 | call upon 방문하다

JEFF의 핵심

1. It ~ that ...

   It seems that he is rich.

2. If not ~   ~가 아니라면

3. As for ~   ~에 대해서라면

Translation

"나비는 무척 아름다운 보여요. 그리고 나비나 애벌레가 아니라면 누가 나에게 들러주겠어요? 당신은 멀리 가 버릴 거예요. 커다란 동물들을 전 두려워하지 않아요. 난 발톱이 있으니까요."

124강 — The Little Prince 어린왕자

And, naïvely, she showed her four thorns. Then she added:

"Don't linger like this. You have decided to go away. Now go!"

For she did not want him to see her crying. She was such a proud flower.

VOCA

linger (자리를 떠나고 싶지 않아서) 오래 머물다 | proud 자랑스러운, 자존심이 강한 | acquainted 알고 있는

JEFF의 핵심

1. 5형식 개념 잡기!

I want him. 주술관계
I want him to see me.
그가 나를 보기를

I see you. 주술관계
I see you dancing.
너가 춤추고 있는 중인 것을

Translation

그러면서 꽃은 순진하게 네 개의 가시를 보여주었다. 그리고 다시 말을 이었다. "그렇게 우물쭈물하고 있지 말아요. 당신은 떠나기로 결심했으니 어서 가요." 꽃은 울고 있는 자기 모습을 어린 왕자에게 보이고 싶지 않았다. 그녀는 정말 자존심이 강한 꽃이었다.

영문 Audio 듣기

He found himself in the neighborhood of the asteroids 325, 326, 327, 328, 329, and 330. He began, therefore, by visiting them, in order to add to his knowledge.

The first of them was inhabited by a king.

JEFF의 핵심

1. by ~ ing   ~함으로써

2. in order to
   so as to   + 동사원형   ~하기 위해서
   to

3. inhabit   살다, 거주하다

   North Africa was inhabited by black Africans.
   수동태 (거주되었다)

Translation
그는 소행성 325호, 326호, 327호, 328호, 329호, 330호의 근처에 있음을 알았다. 그래서 견문을 넓히기 위해 그것들을 방문해 보기로 했다. 첫 번째 소행성에는 왕이 살고 있었다.

Clad in royal purple and ermine, he was seated upon a throne which was at the same time both simple and majestic. "Ah! Here is a subject," the king, when he saw the little prince coming.

VOCA

clad ~을 입은 | royal purple 자주빛 | ermine 북방 족제비의 흰색 겨울털 | throne 왕좌
majestic 장엄한 | subject 신하 | exclaim 소리치다

JEFF의 핵심

1. **seat**   앉히다

   He was seated on a chair.

2. 명사 (which + V)

3.

   He saw me.

   He saw me cross the road. 주술관계

   He saw me crossing the road. 주술관계

Translation
그 왕은 자줏빛의 담비모피 옷을 입고서 매우 간소하면서도 위엄 있는 왕좌에 앉아 있었다. "아! 신하가 한 명 왔구나!" 어린 왕자가 오는 것을 보자 왕이 소리쳤다.

영문 Audio 듣기

And the little prince asked himself:

"How could he recognize me when he had never seen me before?"

He did not know how the world is simplified for kings. To them, all men are subjects.

VOCA

recognize 알아보다 | simplify 단순화 하다, 간소화 하다

JEFF의 핵심

1. **/접속사**   접속사 앞에서 확 끊기!

2. **had + p.p.**   과거완료 => 과거보다 더 이전의 일

Translation
그리고 어린 왕자는 스스로 물어보았다. "나를 이전에 한 번도 본 적이 없는데 어떻게 나를 알아보지?" 왕들에게는 세상이 아주 단순하다는 사실을 그는 알지 못했다. 그들에게는 모든 사람이 다 신하이다.

"Approach, so that I may see you better," said the king, who felt consumingly proud of being at last a king over somebody. The little prince looked everywhere to find a place to sit down; but the entire planet was crammed and obstructed by the king's magnificent ermine robe.

VOCA

approach 가까이 오다 | consumingly 열렬하게 | crammed 잔뜩 들어 있는 | obstructed 막혀 있는

JEFF의 핵심

1. so that ~   ~하기 위해서

2.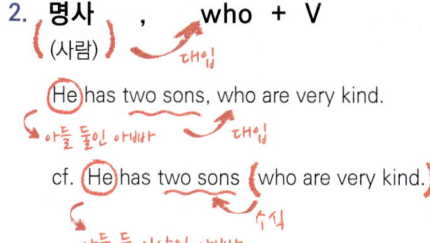

Translation

"내가 너를 좀 더 잘 볼 수 있게 가까이 다가오라." 마침내 누군가의 왕이 된 것이 자랑스러워진 왕이 말했다. 어린 왕자는 앉을 자리를 찾기 위해서 주변을 둘러보았다. 하지만, 그 소행성은 흰 담비 모피의 그 호화스러운 망토로 완전히 다 덮여 있었다.

So he remained standing upright, and, since he was tired, he

yawned.

"It is contrary to etiquette to yawn in the presence of a king,"

the monarch said to him. "I forbid you to do so."

VOCA

remain 계속 ~이다 | upright 똑바로 | monarch 군주 | forbid 금지하다

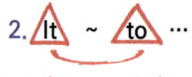

1. **since**   since에 '~때문에' 라는 뜻이 있음에 유의!

   ☆ (~이래로
       ~때문에

2. It ~ to …

   It is nice to help poor people.

Translation

그래서 그는 똑바로 서 있었다. 그리고 피곤하여 하품했다. "왕의 앞에서 하품하는 것은 예절에 어긋나는 행동이다. 하품하는 것을 금지하노라." 왕이 말했다.

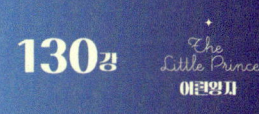

"I can't help it. I can't stop myself," replied the little prince, thoroughly embarrassed. "I have come on a long journey, and I have had no sleep…"

"Ah, then," the king said. "I order you to yawn. It is years since I have seen anyone yawning."

VOCA

thoroughly 완전히 | order 명령하다

JEFF의 핵심

1. **help** 돕다 / 피하다

   I can't help you. (돕다)

   I can't help it. (피하다)

2. **5형식 이해!**

   S + V + O + to + 동사원형 (주술관계)

   I want you to swim. (주술관계)

   5형식의 핵심은 목적어와 그 뒤에 나오는 말이 주술관계를 만들어 냄을 파악하는 것이 포인트!

Translation

"이제 어쩔 수 없어요. 멈출 수가 없어요," 어린 왕자가 부끄러워하며 대답했다. "나는 긴 여행을 해왔고, 잠도 못 잤어요…" "그렇다면 네게 하품하는 걸 명하노라. 누군가가 하품하는 걸 본 지도 여러 해가 흘렀구나."

"Yawns, to me, are objects of curiosity. Come, now! Yawn again! It is an order."

"That frightens me... I cannot, any more..." murmured the little prince, now completely abashed.

VOCA

curiosity 호기심 | murmur 중얼거리다, 속삭이다

JEFF의 핵심

1. object   object의 다양한 뜻에 유의할 것!

- 물건, 물체
- 목적, 목표
- 연구, 관심 등의 대상

Translation
"하품하는 것이 내게는 신기한 구경거리이구나. 자! 또 하품을 하라. 명령이니라." 왕이 말했다. "그렇게 말씀하시니까 놀라서 하품이 나오지 않아요." 얼굴을 붉히며 어린 왕자가 중얼거렸다.

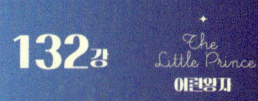

"Hum! Hum!" replied the king. "Then I — I order you sometimes to yawn and sometimes to — "

He sputtered a little, and seemed vexed. For what the king fundamentally insisted upon was that his authority should be respected.

VOCA

sputter 더듬거리며 말하다 | vex 짜증나게 하다, 성가시게 하다 | fundamentally 근본적으로
authority 지휘권, 권한 | respect 존경하다

JEFF의 핵심

1. for + S + V for가 접속사로 쓰이면 '왜냐하면' 이라는 뜻!
왜냐하면

2. what + 허전한 문장
~하는 것

3. S + be that ~ S는 that 이하이다
(What) he wanted is that we should study hard.
~하는 것은   that 이하이다

Translation

"어흠! 이런! 그렇다면 짐이…짐이 명하노라. 어떤 때는 하품을 하고 또 어떤 때는…." 하고 왕이 대답했다. 그는 뭐라고 중얼중얼거렸고, 화가 난듯했다. 왜냐하면 왕이 근본적으로 요구한 것은 그의 권위가 존중되는 것이었기 때문이다.

He tolerated no disobedience. He was an absolute monarch. But, because he was a very good man, he made his orders reasonable.

"If I ordered a general," he would say, by way of example, "if I ordered a general to change himself into a sea bird, and if the general did not obey me, that would not be the fault of the general."

VOCA

tolerate 견디다 | reasonable 합리적인 | obey 따르다

JEFF의 핵심

1. 5형식

I ordered him.

I ordered him to learn English.

주술관계

2. 가정법

If 과거동사 would ~   현재 or 미래적 느낌으로 해석
과거 해석X

Translation

왕에게 불복종은 용서할 수 없는 것이었다. 그는 절대 군주였다. 하지만 그는 착한 사람이었으므로 그의 명령을 합리적으로 만들었다. "만약에 짐이 어떤 장군에게 갈매기로 변하라고 명령한다면, 그런데 장군이 이 명령에 복종하지 않는다면 그건 장군의 잘못이 아니니라."

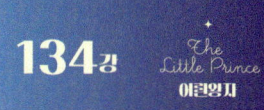

134강 *The Little Prince* 어린왕자

"It would be my fault."

"May I sit down?" came now a timid inquiry from the little prince.

"I order you to do so," the king answered him, and majestically

gathered in a fold of his ermine mantle.

VOCA

timid 소심한 | inquiry 질문 | mantle 외투, 망토

1. gather in a fold of ~   걷어 올리다
   주름, 접는 부분

Translation

"그건 짐의 잘못이니라." "저 앉아도 될까요?" 어린 왕자가 조심스레 물었다. "네가 앉기를 명하노라." 왕이 대답했다. 그러고는 흰 담비 모피로 된 망토 한 자락을 위엄 있게 걷어 올렸다.

But the little prince was wondering… The planet was tiny. Over what could this king really rule?

"Sire," he said to him, " I beg that you will excuse my asking you a question — "

"I order you to ask me a question," the king hastened to assure him.

"Sire — over what do you rule?"

VOCA

wonder 궁금하게 생각하다 | sire 폐하 | hasten 서둘러 하다, 재촉하다

JEFF의 핵심

1. V + that ~
   ~을/를

2. 소유격 + ~ing   ~ing 앞의 소유격은 ~ing 행위를 하는 주체!

   my(내가)
   your(너가)   주어 느낌으로 해석.
   his(그가)

3. hasten to + 동사원형   서둘러 ~하다

   He hastened to explain.

Translation

그러나 어린 왕자는 궁금해했다. 행성은 너무나 작았다. 왕이 도대체 무엇을 다스린다는 거지? "폐하, 한 가지 여쭤봐도 좋을까요." 어린 왕자가 말했다. "네게 질문을 허락하노라." 왕이 그를 안심시키기 위해 서둘러 대답했다. "폐하, 폐하께서는 무엇을 다스리고 계신 건가요?"

"Over everything," said the king, with magnificent simplicity.

"Over everything?"

The king made a gesture, which took in his planet, the other

planets, and all the stars.

VOCA

simplicity 간단함 | gesture 몸짓

JEFF의 핵심

1. take in ~   ~을 섭취하다, 흡수하다 / 포함하다

Fish take in oxygen.
        섭취하다
The world tour takes in 6 countries.
              포함하다

2. 명사 , which + V
      대입

Translation

"모든 것을 다스리노라." 간단하게 왕이 대답했다. "모든 것을요?" 왕은 그의 행성과 다른 행성과, 그 밖의 모든 별을 가리켰다.

영문 Audio 듣기

"Over all that?" asked the little prince.

"Over all that," the king answered.

For his rule was not only absolute: it was also universal.

"And the stars obey you?"

"Certainly they do," the king said. "They obey instantly. I do not permit insubordination."

VOCA

absolute 절대적인 | permit 허락하다 | insubordination 불복종

JEFF의 핵심

1. **for** + S + V   for가 접속사로 쓰이면 -> 왜냐하면
   왜냐하면

2. **not only** A **but also** B   A뿐만 아니라 B도 역시

   He is not only handsome but also kind.

Translation

"그 모든 것을요?" 어린 왕자가 물었다. "그 모든 것을 다스리노라." 왕이 대답했다. 그의 통치는 절대적이었을 뿐만 아니라, 온 우주를 다스렸다. "그럼 별들도 폐하에게 복종하나요?" "물론이니라. 즉각 복종하노라. 짐은 불복종을 허락하지 않는다." 왕이 말했다.

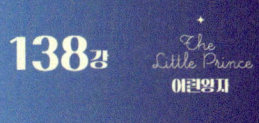

Such power was a thing for the little prince to marvel at. If he had been master of such complete authority, he would have been able to watch the sunset, not forty-four times in one day, but seventy-two, or even a hundred, or even two hundred times, without ever having to move his chair.

VOCA

marvel 놀라다 | authority 권위, 권한, 권력 | sunset 일몰

JEFF의 핵심

1. 명사 + to + 동사원형   꾸밈을 받는 명사를 동사원형 뒤로 써 보아 전치사 필요유무 판단!

I need someone to talk. (X)

I need someone to talk to. (O)

2. If had + p.p. , would have p.p.

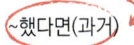 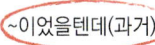

If I had met her, I would have loved her.

Translation
그런 권력은 어린 왕자가 경이롭게 여길만한 것이었다. 어린 왕자도 그런 완전한 권력을 가졌다면 의자를 움직일 필요도 없이 하루에 마흔네 번 아니라, 일흔두 번, 아니 백 번 이백 번이라도 일몰을 볼 수 있을지도 모른다.

And because he felt a bit sad as he remembered his little planet which he had forsaken, he plucked up his courage to ask the king a favor:

VOCA

forsake 버리다

JEFF의 핵심

1. **,** 콤마는 기본적으로 끊어 읽으라는 의미!

2. 명사 (which + S + V)

3. pluck up one's courage 용기를 내다

Translation
그러고는 버리고 온 그의 작은 행성에 대한 추억 때문에 조금 슬퍼진 어린 왕자는 용기를 내어 왕에게 간청했다.

140강 The Little Prince 어린왕자

"I should like to see a sunset... Do me that kindness... Order the sun to set..."

"If I ordered a general to fly from one flower to another like a butterfly, or to write a tragic drama, or to change himself into a sea bird, and if the general did not carry out the order that he had received, which one of us would be in the wrong?" the king demanded.

VOCA

kindness 친절 | general 장군 | tragic 비극적인 | carry out ~을 수행하다 | receive 받다

JEFF의 핵심

1. 5형식의 이해!

He ordered me.
He ordered me to do it.

2. 명사 + (that + S + V)

주술관계

3. had + p.p.

과거완료 -> 과거의 사건보다 더 이전에 벌어진 일

Translation

"저는 일몰을 보고 싶습니다. 제발 그렇게 해 주세요. 해가 지도록 명령해 주세요." "만약 짐이 어떤 장군에게 나비처럼 이 꽃에서 저 꽃으로 날아다니거나, 비극적인 작품을 한 편 쓰라고 명령하거나 혹은 갈매기로 변하도록 명령했는데, 그 장군이 그 명령을 받고 복종하지 않는다면 우리 중 누가 잘못된 것인가?"

"The general, or myself?"

"You," said the little prince firmly.

"Exactly. One must require from each one the duty which each one can perform," the king went on.

VOCA

firmly 단호하게 | perform 수행하다

JEFF의 핵심

1. **전치사 + 명사** 전치사가 영향을 미치는 명사까지 괄호 처리!

   (On Sundays) Jeff likes to play the guitar.

2. **명사 (which S + V)**

Translation
"그의 잘못인가? 짐이 잘못된 것인가?" "폐하의 잘못입니다." 어린 왕자가 명료하게 대답했다. "바로 그거이니라. 누구에게든 그가 해낼 수 있는 무언가를 요구해야 하는 법이니라." 왕이 계속 말했다.

142강 The Little Prince 어린왕자

"Accepted authority rests first of all on reason. If you ordered your people to go and throw themselves into the sea, they would rise up in revolution. I have the right to require obedience because my orders are reasonable."

"Then my sunset?" the little prince reminded him: for he never forgot a question once he had asked it.

VOCA

rest on ~에 기초하다 | revolution 혁명 | obedience 복종

JEFF의 핵심

1.
If 과거동사 , would + V
현재 or 미래적 느낌으로 해석

2.
order + 목적어 + to + 동사원형
주술관계

3.
명사 + to + 동사원형
~하는

Translation
"권위는 무엇보다도 이치에 합당해야 한다. 만일 내가 너의 백성에게 바다에 몸을 던지라고 명령한다면 그들은 혁명을 일으킬 것이니라. 내가 복종을 요구할 권한을 가지게 되는 것은 나의 명령들이 이치에 맞기 때문이니라." "그럼 제가 해지는 것을 보게 해달라고 부탁한 것은요?" 한 번 한 질문은 절대 잊어버리는 법이 없는 어린 왕자가 다시 한번 왕을 상기시켰다.

"You shall have your sunset. I shall command it. But, according to my science of government, I shall wait until conditions are favorable."

"When will that be?" inquired the little prince.

"Hum! Hum!" replied the king; and before saying anything else he consulted a bulky almanac.

VOCA

command 명령하다 | science of government 행정학 | condition 조건 | favorable 호의적인, 형편에 알맞은 | consult 찾아보다 | bulky 부피가 큰 | almanac 연감

I can do it!

Translation

"너는 일몰을 보게 될 것이다. 짐이 명령하겠노라. 하지만 내 통치 철학에 따라 조건이 갖추어질 때까지 기다리겠노라." "언제쯤 될까요?" 어린 왕자가 물었다. "에헴, 에헴!" 왕이 대답했다. 그리고 다른 것을 이야기하기 전에 그는 커다란 연감(달력 같은 것)을 살펴보았다.

"Hum! Hum! That will be about — about — that will be this evening about twenty minutes to eight. And you will see how well I am obeyed!"

The little prince yawned. He was regretting his lost sunset. And then, too, he was already beginning to be a little bored.

VOCA

regret 후회하다, 안타깝게 생각하다 | bored 지루해 하는

JEFF의 핵심

1. 시간 읽기

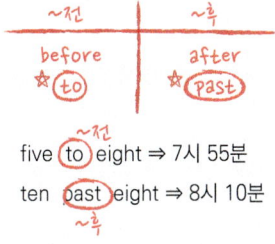

five to eight ⇒ 7시 55분
ten past eight ⇒ 8시 10분

2. 「의문사 + 주어 + 동사」 → 간접의문문(의문문이 문장 안에 쏘~옥!)

Translation

"흠, 흠! 대략 오늘 저녁…. 오늘 저녁…. 일곱 시 사십 분이니라. 그럼 짐의 명령이 얼마나 잘 이행되는지 너는 보게 될 것이다."왕이 대답했다. 어린 왕자는 하품했다. 해지는 것을 못 보게 된 것을 아쉬워했다. 그리고 조금씩 지루해지기 시작했다.

영문 Audio 듣기

"I have nothing more to do here," he said to the king. "So I shall set out on my way again."

"Do not go," said the king, who was very proud of having a subject. "Do not go. I will make you a Minister!"

VOCA

set out 떠나다, 출발하다 | minister 장관

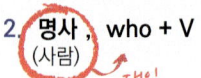

1. 명사 + to + 동사원형
2. 명사 (사람) , who + V
3. 전치사 + ~ing

I am proud of you.
I am proud of having my car.

* 전치사 뒤에 동사를 쓸 때, 그 동사는 ~ing의 형태가 되어야 한다.

Translation

"이제 저는 여기서 더 이상 할 일이 없군요. 다시 가던 길을 가 보겠습니다!" "떠나지 말라. 떠나지 말라. 너를 대신으로 삼겠노라!" 신하를 가지게 된 것을 자랑스럽게 여기던 왕이 대답했다. "가지 마라, 너를 대신으로 삼겠노라!"

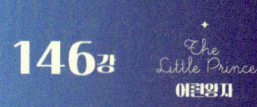

146강

The Little Prince 어린왕자

"Minister of what?"

"Minster of — of Justice!"

"But there is nobody here to judge!"

"We do not know that," the king said to him. "I have not yet made a complete tour of my kingdom. I am very old. There is no room here for a carriage. And it tires me to walk."

VOCA

justice 사법 | carriage 마차 | tire 피곤하게 하다

JEFF의 핵심

1. have not yet p.p.   아직 ~하지 못하다

I have not yet finished my homework.

2. It ~ to   항상 쌍을 이루는 단어를 찾아 세모 처리!

Translation

"무슨 대신이요?" "대신…음…사법 대신이니라!" "하지만 재판할 사람이 아무도 없는데요!" "그건 모르지. 짐은 아직 짐의 왕국을 완벽히 다 둘러보지 않았느니라. 짐은 매우 늙었다. 마차를 둘 공간도 없고, 걸어 다니자니 피곤하구나."

"Oh, but I have looked already!" said the little prince, turning around to give one more glance to the other side of the planet.

On that side, as on this, there was nobody at all...

"Then you shall judge yourself," the king answered. "that is the most difficult thing of all."

VOCA

turn around 돌아보다 | glance 흘깃 봄 | judge 심판하다

JEFF의 핵심

1. ~ing ~하면서

He smiled, turning around.

2. 전치사 앞 살짝!

3. 문장 중간의 「to + 동사원형」의 유력한 해석?

=〉 ~하기 위해서

Translation

"아! 제가 이미 다 둘러보았어요." 행성의 반대쪽을 다시 한번 흘끗 바라보며 어린 왕자가 말했다. "저쪽에도 아무도 없어요." "그렇다면 너 자신을 심판하거라. 그것이 가장 어려운 일이니라."

"It is much more difficult to judge oneself than to judge others.

If you succeed in judging yourself rightly, then you are indeed

a man of true wisdom."

"Yes," said the little prince, "but I can judge myself anywhere. I

do not need to live on this planet."

VOCA

judge 심판하다 | indeed 참으로 | wisdom 지혜

JEFF의 핵심

1. It ~ to...

   It is difficult to judge oneself.

Translation

"다른 사람을 심판하는 것보다 자기 자신을 심판하는 게 훨씬 더 어려운 것이다. 네가 만약 너 자신을 공정하게 심판할 수 있다면 그건 네가 참으로 지혜로운 사람이니라." "네" 어린 왕자가 대답했다. "하지만 저는 어디서든 저를 심판할 수 있어요. 이 행성에서 꼭 살 필요는 없습니다."

"Hum! Hum!" said the king. "I have good reason to believe that somewhere on my planet there is an old rat. I hear him at night. You can judge this old rat. From time to time you will condemn him to death."

VOCA

reason 이유 | rat 쥐 | condemn 선고를 내리다

JEFF의 핵심

1. 명사 (to + 동사원형)

2. V + (that) ~ ~을/를

   I don't believe that you are rich.

3. condemn + 사람 + to death   사형에 처하다

Translation

"에헴! 이런!" 왕이 대답했다. "내 행성 어딘가에 늙은 쥐 한 마리가 있는 걸 아느니라. 밤이면 쥐 소리가 들리느니라. 그 늙은 쥐를 심판하거라. 때때로 그를 사형에 처하도록 하여라."

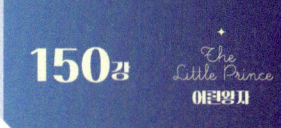

"Thus his life will depend on your justice. But you will pardon him on each occasion; for he must be treated thriftily. He is the only one we have."

"I," replied the little prince, "do not like to condemn anyone to death. And now I think I will go on my way."

VOCA

pardon 사면하다 │ occasion (특정한) 때 │ thriftily 절약하여, 알뜰하게

JEFF의 핵심

1. (for) + S + V
   왜냐하면

2. 명사 (S + V)

   He is the only one (we can believe.)

Translation

"그러면 그(쥐)의 생명이 너의 심판에 달려있게 될 것이다. 하지만, 매번 그를 용서해 주어야 한다. 그를 아껴서 대해야 하기 때문이다. 왜냐하면 이곳에 단 한 마리밖에 없는 까닭이니라." "저는..." 어린 왕자가 대답했다. "저는 누구에게 사형선고를 내리는 건 싫습니다. 전 아무래도 이제 가야겠습니다."

"No," said the king.

But the little prince, having now completed his preparations for departure, had no wish to grieve the old monarch.

"If Your Majesty wishes to be promptly obeyed," he said, "he should be able to give me a reasonable order.

VOCA

grieve 슬프게 하다 | your majesty 폐하 | promptly 지체 없이

JEFF의 핵심

1. (, ,) 부연설명

2.
, ~ing   ~하면서
, having p.p.   ~했으면서

3. 명사 (to + 동사원형)

Translation

"가지 말거라."왕이 말했다. 어린 왕자는 떠날 채비를 끝마쳤으나 늙은 임금을 슬프게 하고 싶지는 않았다. "폐하의 대신이 명령을 따르길 원하신다면" 그가 말했다. "제게 합리적인 명령을 내려주실 수 있으셔야 합니다."

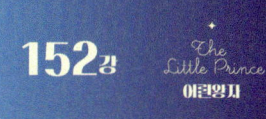

He should be able, for example, to order me to be gone by the end of one minute. It seems to me that conditions are favorable…"

As the king made no answer, the little prince hesitated a moment. Then, with a sigh, he took his leave.

VOCA

condition 조건 | hesitate 주저하다, 머뭇거리다 | sigh 한숨

JEFF의 핵심

1. **5형식 이해**

   He ordered me.
   He ordered me to be gone.
   (주술관계)

2. It ~ that …

Translation

"예를 들면 1분 내로 떠나도록 제게 명령하실 수 있으십니다. 지금 여건이 좋은 것 같습니다." 왕이 대답하지 않자, 어린 왕자는 잠시 머뭇거렸다. 그러고는 한숨을 한번 내쉬고는 길을 떠났다.

"I make you my Ambassador," the king called out, hastily.

He had a magnificent air of authority.

"The grown-ups are very strange," the little prince said to himself, as he continued on his journey.

VOCA

ambassador 대사 | hastily 조급히 | authority 권한

JEFF의 핵심

1. **as** 뜻의 다양함에 주목!

    as를 만나면 반드시 그 앞에서 끊는다!

    ~처럼 (같이)

    ~로서

    ~만큼

    ~때문에

    ~할 때 (~하는 동안에)

    ~하면서

    ~이긴 하지만

Translation

"짐은 너를 외교사절로 삼겠노라." 왕이 황급히 외쳤다. 그는 엄청난 권위를 가지고 있는 듯했다. "어른들은 정말 이상해.'하고 어린 왕자는 속으로 중얼거리며 여행을 떠났다."

The second planet was inhabited by a conceited man.

"Ah! Ah! I am about to receive a visit from an admirer!" he

exclaimed from afar, when he first saw the little prince coming.

VOCA

conceited 자만에 빠진, 자만하는 | admirer 숭배자 | afar 멀리

JEFF의 핵심

1. **be about to + 동사원형**   막 ~하려고 하다

2. **as soon as + S + V**   ~하자마자

3.
   I saw him.

   I saw him coming.

   주술관계 / 그가 오고 있는 중인 걸

Translation
두 번째 행성은 허영심이 많은 사람이 살고 있었다. "아! 아! 저기 나를 숭배하는 사람을 맞이해야겠군." 어린 왕자를 오는 걸 보자마자 허영심 많은 사람이 멀리서부터 외쳤다.

For, to conceited men, all other men are admirers.

"Good morning," said the little prince. "That is a queer hat you are wearing."

"It is a hat for salutes," the conceited man replied. "It is to raise in salute when people acclaim me. Unfortunately, nobody at all ever passes this way."

VOCA

admirer 숭배자 | salute 경의의 표시, 인사 | acclaim 칭송하다, 환호를 보내다

JEFF의 핵심

1. 명사 (S + V)

This is the book (you wanted.)

Translation

왜냐하면 허영심 많은 사람에겐 다른 사람들은 모두 자신을 숭배하는 사람들이다. "안녕하세요. 이상한 모자를 쓰고 계시군요."어린 왕자가 말했다. "인사를 하기 위한 모자지. 사람들이 내게 환호를 보낼 때 답례하기 위해서 쓰는 거란다. 그런데 불행히도 아무도 이 길을 지나지 않아." 허영심 많은 남자가 대답했다.

156강

"Yes?" said the little prince, who did not understand what the conceited man was talking about.

"Clap your hands, one against the other," the conceited man now directed him.

VOCA

clap 박수를 치다 | direct 지시하다

JEFF의 핵심

1. 명사(사람) , who ~
   대입

   My English teacher, (who is handsome), loves music.
   대입

2. what + 허전한 문장
   ~하는 것

Translation
"아 그래요?" 허영심 많은 남자가 무슨 말을 하는지 알아듣지 못했지만 어린 왕자가 말했다. "손뼉을 쳐봐." 허영심 많은 남자가 어린 왕자에게 지시했다.

The little prince clapped his hands. The conceited man raised his hat in a modest salute.

"This is more entertaining than the visit to the king," the little prince said to himself.

VOCA

raise 들어올리다　|　entertaining 재미있는

1. 전치사 앞에서 살짝 끊자! 영어는 끊어 읽기가 매우 중요!

Translation
어린 왕자는 손뼉을 쳤다. 허영심 많은 사람은 모자를 들어 올리며 공손하게 인사했다. "왕을 방문할 때보다 더 재미있는데." 어린 왕자는 속으로 생각했다.

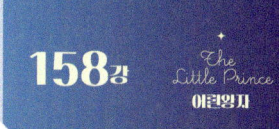

158강 The Little Prince 어린왕자

And he began again to clap his hands, one against the other. The conceited man again raised his hat in salute.

After five minutes of this exercise, the little prince grew tired of the game's monotony.

VOCA

salute 경의의 표시 | monotony 단조로움

JEFF의 핵심

1. V to + 동사원형
   ~하기를

   Jeff began to sing a song again.

2. (전치사 ~) / S + V
   〈문두〉

문두에 전치사가 보이고 그 뒤에 '주어+동사' 관계가 보이는 문장이 많다. 이 때는 반드시 주어 부분 앞에서 끊고, 전치사 덩어리를 찾아 괄호 처리한다.

Translation

그리고 나서 그는 다시 손뼉치기를 시작했다. 허영심 많은 사람이 모자를 들어 올리며 다시 인사했다. 5분쯤 이러고 나니 어린 왕자는 이 장난의 단조로움에 싫증 났다.

"And what should one do to make the hat come down?" he asked.

But the conceited man did not hear him. Conceited people never hear anything but praise.

VOCA
conceited 자만에 빠진, 자만하는 | praise 칭찬

JEFF의 핵심

1. 문장 중간에 나타나는 「to + 동사원형」의 흔한 해석?
=〉 ~하기 위해서

2. but ~그러나
☆ ~외에는

Everyone was there but him.
~을 제외하고는

Translation
"모자를 내려놓게 하려면 어떻게 해야 해요?" 그가 물었다. 그러나 허영심 많은 사람은 어린 왕자의 말을 듣지 못했다. 허영심 많은 사람은 오로지 자신을 칭찬하는 말만 들을 뿐이다.

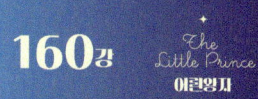

160강 The Little Prince 어린왕자

"Do you really admire me very much?" he demanded of the little prince.

"What does that mean — 'admire'?"

"To admire means that you regard me as the handsomest, the best-dressed, the richest, and the most intelligent man on this planet."

VOCA

admire 존경하다 | best-dressed 제일 옷을 잘 입는 | intelligent 똑똑한

JEFF의 핵심

1. V that ~
   ~을/를

   This means / that you are a bad guy.

2. regard A as B   A를 B로 간주하다

Translation

"너는 정말로 나를 숭배하니?" 그가 어린 왕자에게 물었다. "찬양한다는 게 뭔데요?" "찬양한다는 건 내가 이 행성에서 가장 미남이고 가장 옷을 잘 입고 가장 부자이며 가장 똑똑한 사람이란 걸 인정해 주는 것이지."

"But you are the only man on your planet!"

"Do me this kindness. Admire me just the same."

"I admire you," said the little prince, shrugging his shoulders slightly, "but what is there in that to interest you so much?"

And the little prince went away.

"The grown-ups are certainly very odd," he said to himself, as he continued on his journey.

VOCA

kindness 친절 | shrug 어깨를 으쓱하다 | shoulder 어깨

JEFF의 핵심

1. ⚠ ~ing
   ~하면서

He said, shrugging his shoulders.

2. as ~하면서

* as는 뜻이 많습니다. 그때 그때 어떤 뜻의 as로 쓰인 것인지 반드시 잘 체크해야 합니다. (153강 참고)

Translation

"하지만 이 행성에서 아저씨가 유일한 사람이잖아요." "나에게 친절히 대해줘. 그래도 나를 찬양해 줘." "나는 아저씨를 찬양해요. 그런데 뭐가 도대체 그렇게 아저씨를 즐겁게 하는 거예요?" 어깨를 조금 들썩하면서 어린 왕자가 말했다. 그러고는 그는 그 별을 떠나버렸다. '어른들은 정말 이상해'하고 어린 왕자는 혼자 생각했다.

162강 The Little Prince 어린왕자

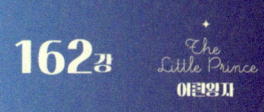

The next planet was inhabited by a tippler. This was a very short visit, but it plunged the little prince into deep dejection. "What are you doing there?" he said to the tippler, whom he found settled down in silence before a collection of empty bottles and also a collection of full bottles.

VOCA

tippler 술꾼 | plunge 떨어져 내리다 | dejection 낙담 | collection 수집품

JEFF의 핵심

1. , / 접속사
   접속사 앞 끊기

2. 명사 , whom ~
   (사람)   대입 (⊕ ~을/를)

   I said to the man, whom I hated.
   대입

Translation

그다음 별에는 술꾼이 살고 있었다. 그 방문은 매우 짧았지만, 그 방문으로 어린 왕자를 깊은 우울함에 빠졌다. "뭘 하고 있어요?" 빈 병 무더기와 술이 가득 차 있는 병 한 무더기를 앞에 두고 조용히 앉아 있는 술꾼을 보고 어린 왕자가 말했다.

"I am drinking," replied the tippler, with a lugubrious air.

"Why are you drinking?" demanded the little prince.

"So that I may forget," replied the tippler.

"Forget what?" inquired the little prince, who already was sorry for him.

VOCA

tippler 술꾼 | lugubrious 우울한, 침울한 | inquire 묻다

JEFF의 핵심

1.
~하기 위해서

2.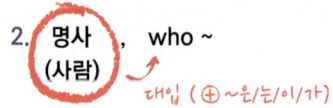

He said to the man, who was very kind.
대입

Translation

"술을 마시고 있지." 침울한 표정을 지으며 술꾼이 대답했다. "왜 술을 마셔요?" 어린 왕자가 그에게 물었다. "잊기 위해서 마셔." 술꾼이 대답했다. "무엇을 잊기 위해서요?" 그에게 측은한 생각이 들면서 어린 왕자가 물었다.

164강 The Little Prince 어린왕자

"Forget that I am ashamed," the tippler confessed, hanging his head.
"Ashamed of what?" insisted the little prince, who wanted to help him.
"Ashamed of drinking!" The tippler brought his speech to an end, and shut himself up in an impregnable silence.
And the little prince went away, puzzled.
"The grown-ups are certainly very, very odd," he said to himself, as he continued on his journey.

VOCA

confess 고백하다 | insist 계속하다 | brought ~ to an end ~을 마치다
impregnable 난공불락의, 무적의 | puzzle 당황하게 하다

JEFF의 핵심

1.  ~하면서

    ~되면서

2.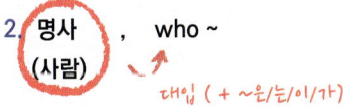

Translation

"내가 부끄럽다는 걸 잊기 위해서." 머리를 떨구며 술꾼이 대답했다. "뭐가 부끄러운데요?" 그를 돕고 싶은 마음에 어린 왕자가 캐물었다. "술을 마시는 게 부끄러워!" 이렇게 말하고 술꾼은 끝까지 침묵을 지키며 입을 다물어버렸다. 어린 왕자는 난처해하며 가던 길을 떠났다. '어른들은 정말, 정말 이상해' 어린 왕자는 속으로 중얼거리며 여행을 계속했다.

The fourth planet belonged to a businessman. This man was so much occupied that he did not even raise his head at the little prince's arrival.

"Good morning," the little prince said to him. "Your cigarette has gone out."

VOCA

businessman 상인 | occupy 차지하다, ~을 바쁘게 하다 (occupied 바쁜)
go out (불이) 꺼지다

JEFF의 핵심

1. belong to ~  ~에 속하다

2.  ~ … 너무 ~해서 …하다

Translation

네 번째 행성에는 사업가가 살고 있었다. 그 사람은 너무나 바쁜 나머지 어린 왕자가 도착했을 때도 고개조차 들지 않았다. "안녕하세요. 당신의 담뱃불이 꺼졌는데요." 그가 말했다.

"Three and two make five. Five and seven make twelve. Twelve and three make fifteen. Good morning. Fifteen and seven make twenty-two. Twenty-two and six make twenty-eight.

JEFF의 핵심

1. **2 더하기 2는 4다.**
   Two and two make(s) four.
   Two plus two equals four.

2. **4 빼기 2는 2다.**
   Two from four leaves two.
   Four minus two is two.

Translation
"3 더하기 2는 5, 5 더하기 7은 12. 12 더하기 3은 15. 안녕. 15 더하기 7은 22. 22 더하기 6은 28."

I haven't time to light it again. Twenty-six and five make thirty-one. Phew! Then that makes five-hundred-and-one million, six-hundred-twenty-two-thousand, seven-hundred-thirty-one."

VOCA

phew (감탄사) 휴우 | million 백만

JEFF의 핵심

1. **haven't had time to ~** / **haven't got time to ~** ~할 시간이 없다

   I haven't had time to watch TV nowadays

Translation

"난 다시 담뱃불을 붙일 시간도 없구나. 26 더하기 5는 31. 휴우! 그러니까 모두 5억 162만 2,731이 되는구나."

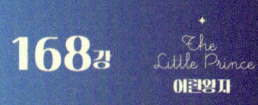

"Five hundred million what?" asked the little prince.

"Eh? Are you still there? Five-hundred-and-one million — I can't stop... I have so much to do! I am concerned with matters of consequence. I don't amuse myself with balderdash. Two and five make seven..."

VOCA

amuse ~즐겁게 하다 | balderdash 쓸데없는 일, 허튼소리

JEFF의 핵심

1. **still 의 다양한 뜻을 알기**
   -> 여전히, 아직도, 가만히 있는, 정지한, 고요한, 훨씬(비교급 앞)

2. **be concerned with ~**   ~와 관련이 있다
   be concerned about ~   ~에 대해 걱정하다

3. **matters of consequence**   중요한 일

Translation

"무엇이 5억이에요?" "응? 너 아직도 거기 있니? 저... 5억 1백만...멈출 수가 없어. 너무 바빠서. 나는 중대한 일을 하는 사람이야. 나는 허튼소리를 가지고서 내 자신을 즐겁게 만들지 못해. 2 더하기 5는 7…"

"Five-hundred-and-one million what?" repeated the little prince,

who never in his life had let go of a question once he had asked it.

The businessman raised his head.

"During the fifty-four years that I have inhabited this planet, I

have been disturbed only three times."

VOCA

repeat 반복하다 | raise 들다 | inhabit 살다 | disturb 방해하다

JEFF의 핵심

1.

I know the man , who never tells a lie.

2. **let go of ~**   ~을 놓다

3. **once**   일단 ~하면

Translation

"뭐가 5억 100만이에요?" 한번 한 질문을 하면 포기를 절대 하지 않는 어린 왕자가 다시 물었다. 사업가가 머리를 들었다. "이 행성에서 산 54년 동안 내가 방해를 받은 적은 딱 세 번뿐이야."

170강 The Little Prince 어린왕자

The first time was twenty-two years ago, when some giddy goose fell from goodness knows where. He made the most frightful noise that resounded all over the place, and I made four mistakes in my addition.

VOCA

giddy 현기증나는, 아찔한 | goose 거위 | frightful 지독한, 끔찍한 | resound 울려 퍼지다

JEFF의 핵심

1. 시간 표현 , when ~

   when 이하가 앞에 시간을 부연설명

2. goodness knows 누가 (어찌) 알겠는가? = 아무도 모른다.

3. 명사 + (that + V)

Translation

첫 번째는 22년 전이었는데, 어딘가로부터 정신없는 거위 떼가 떨어졌을 때야. 그러면서 그게 요란한 소리를 냈고, 덕분에 난 계산을 네 군데나 틀렸었지.

The second time, eleven years ago, I was disturbed by an attack of rheumatism. I don't get enough exercise. I have no time for loafing. The third time — well, this is it! I was saying, then, five-hundred-and-one millions — "

VOCA

rheumatism 류머티즘 (뼈, 관절, 근육 따위가 단단하게 굳는 병) | loaf 빈둥거리다, 빵 한 덩이

JEFF의 핵심

1. **be + p.p.**   수동태(~되다/지다/당하다)

2. 전치사 + 동사 ing   전치사 뒤의 동사는 반드시 ~ing 형태!

   I have no time / for / studying

Translation

두 번째는 11년 전이었는데, 신경통이 발병했었어. 난 운동 부족이야. 빈둥거릴 시간이 없어. 난 중대한 일을 하는 사람이라서 그래. 세 번째는...음.....바로 지금이야! 가만 있어보자... 5억 100만이었지..."

172강 The Little Prince 어린왕자

"Millions of what?"

The businessman suddenly realized that there was no hope of being left in peace until he answered this question.

"Millions of those little objects," he said, "which one sometimes sees in the sky."

"Flies?"

"Oh, no. Little glittering objects."

"Bees?"

VOCA

realize 알아차리다 | **glitter** 반짝반짝 빛나다

JEFF의 핵심

1. V + that ~ ~을/를

   I realized that I was wrong.

2. 명사, which + S + V
   대입 (⊕ ~을/를)

   I like the house, which I want to buy.

Translation

"뭐가 수백만이라는 거예요?" 사업가는 대답을 해주기 전에는 자신이 조용히 일하기는 힘들다는 것을 깨달았다. "수백만의 저기, 작은 물체들 말이다." 그는 말했다. "하늘에서 이따금 보이는 것 말이야." "파리를 말하는 거예요?" "아니. 아니. 반짝거리는 작은 것들 말이다." "꿀벌이요?"

영문 Audio 듣기

"Oh, no. Little golden objects that set lazy men to idle dreaming. As for me, I am concerned with matters of consequence. There is no time for idle dreaming in my life."

"Ah! You mean the stars?"

"Yes, that's it. The stars."

"And what do you do with five-hundred millions of stars?"

VOCA

golden 금으로 된 | idle 게으른, 나태한

JEFF의 핵심

1. 명사 + (that + V ~)
   주술관계

2. set + 목적어 + to + 동사원형
   ~한 상태로 두다
   주술관계

I set the alarm to wake me up at five.

Translation

"아니 아니. 게으름뱅이들을 헛된 공상에 잠기게 만드는 금빛이 나는 조그만 물체 말이다. 나로 말하자면, 난 중대한 일을 하는 사람이거든! 허황된 꿈으로 빈둥거릴 시간이 없어." "아! 별 말이군요?" "맞았어 별이야." "5억 개의 별들을 가지고 뭘 하는 건데요?"

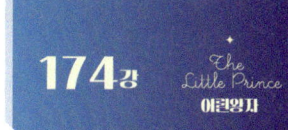

"Five-hundred-and-one million, six-hundred-twenty-two thousand, seven-hundred-thirty-one. I am concerned with matters of consequence: I am accurate."

"And what do you do with these stars?"

"What do I do with them?"

"Yes."

VOCA

be concerned with ~에 관련되다 | accurate 정확한

JEFF의 핵심

1. 숫자 읽기 => 핵심! 콤마 앞 자리 기억하기!

1 2 3, 4 5 6, 7 8 9
   million   thousand

=> One hundred twenty tree million,
four hundred fifty six thousand,
covon hundred eighty nine

Translation

"5억 162만 2,731개야. 나는 중대한 일을 하는 사람이고 정확한 사람이란다." "네 그러니까 그 별들 가지고 뭘 하는 거예요?" "그것들 가지고 뭘 하느냐고?" "네."

"Nothing. I own them."

"You own the stars?"

"Yes."

"But I have already seen a king who —"

"Kings do not own, they reign over. It is a very different matter." "And what good does it do you to own the stars?"

"It does me the good of making me rich."

"And what good does it do you to be rich?"

VOCA

reign over ~을 다스리다

JEFF의 핵심

1. **do good** : 이롭다, 좋은 점이 있다

2.  It ~ to …

3. **of**   ~라는

   He has a habit of scratching his chin.
   ~라는

Translation

"아무것도 하는 것 없어. 그것들을 소유하고 있을 뿐이지." "별들을 소유하고 있다고요?" "그래." "하지만 내가 전에 어떤 왕을 봤는데요." "왕은 소유하지 않아. 그들은 통치할 뿐이지. 그건 아주 다른 문제야." "그럼 그 별들을 소유하는 것이 당신에게 무슨 소용이 있어요?" "내가 부자가 되는 데 도움을 주지." "부자가 되면 당신에게 어떤 점이 좋은데요?"

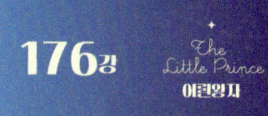

"It makes it possible for me to buy more stars, if any are discovered."

"This man," the little prince said to himself, "reasons a little like my poor tippler..."

Nevertheless, he still had some more questions.

"How is it possible for one to own the stars?"

VOCA

tippler 술꾼 | nevertheless 그렇기는 하지만, 그럼에도 불구하고

JEFF의 핵심

1.

It makes.

It makes it.

It makes it possible.

It makes it possible to buy more stars.

It makes it possible for me to buy more stars.

그것은 내가 더 많은 별들을 사는 것을 가능하게 만든다.

Translation

"다른 별들이 발견되면 내가 그걸 사는 데 도움이 되지." '이 사람도 그 불쌍한 술꾼과 같은 논리를 가지고 있군' 어린 왕자는 생각했다. 그래도 그는 질문을 계속했다. "사람이 별들을 소유하는 게 가능한가요?"

"To whom do they belong?" the businessman retorted, peevishly.

"I don't know. To nobody."

"Then they belong to me, because I was the first person to think of it."

"Is that all that is necessary?"

VOCA

retort 되묻다, 반박하다 | peevishly 비위에 거슬린 듯이, 언짢게

JEFF의 핵심

1. 명사 + (to) + 동사원형 ~하는

2. (대)명사 + (that + V)

   That is all (that matters to English learner.)

Translation
"별들이 누구 것이라는 거야?" 투덜대듯이 사업가가 되물었다. "모르겠어요. 그 누구의 것도 아니겠지요." "그러니까 내 것이지. 내가 제일 먼저 그 생각을 한 사람이니까." "필요한 것은 그게 다인가요?"

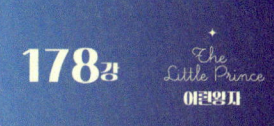

"Certainly. When you find a diamond that belongs to nobody, it is yours. When you discover an island that belongs to nobody, it is yours. When you get an idea before anyone else, you take out a patent on it: it is yours. So with me: I own the stars, because nobody else before me ever thought of owning them."

VOCA

belong to ~에 속하다 | patent 특허

JEFF의 핵심

1. 명사 + (that + V)

I found a diamond / (that belongs to nobody.)

→ diamond 가 단수이므로 동사에 -s

Translation

"물론이지. 주인이 없는 다이아몬드는 그걸 발견한 사람의 소유가 되는 거란다. 임자가 없는 섬을 네가 발견하면 그건 네 소유가 되는 거고. 네가 어떤 좋은 생각을 제일 먼저 해냈으면 특허를 내야 해. 그럼, 그것도 네 것이 되는 거야. 그래서 나는 별들을 소유하게 된 거야. 아무도 나보다 먼저 그것들을 소유할 생각을 하지 않았거든."

"Yes, that is true," said the little prince. "And what do you do with them?"

"I administer them," replied the businessman. "I count them and recount them. It is difficult. But I am a man who is naturally interested in matters of consequence."

VOCA

administer 관리하다 | recount 다시 세다

JEFF의 핵심

1. 명사 + (who + V)
   (사람)

2. be interested in ~   ~에 관심(흥미)가 있다

Translation

"그건 맞아요. 아저씨는 별들을 가지고 뭘 하는데요?" 어린 왕자가 말했다. "그것들을 관리하지. 세어 보고 또 세어 보고 하지. 그건 힘든 일이야. 하지만 나는 중요한 일에 관심을 가지는 사람이지."

180강 The Little Prince 어린왕자

The little prince was still not satisfied.

"If I owned a silk scarf," he said, "I could put it around my neck and take it away with me. If I owned a flower, I could pluck that flower and take it away with me. But you cannot pluck the stars from heaven..."

VOCA

silk scarf 비단으로 된 목도리 | pluck 뽑다, (꽃을) 꺾다

JEFF의 핵심

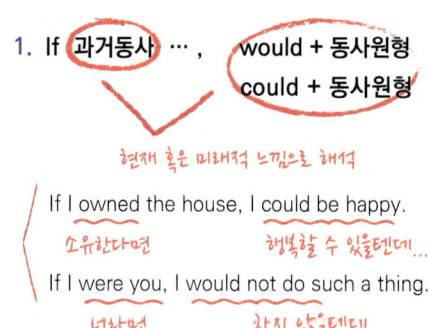

1. If 과거동사 ···, would + 동사원형 / could + 동사원형

현재 혹은 미래적 느낌으로 해석

If I owned the house, I could be happy.
소유한다면   행복할 수 있을텐데...

If I were you, I would not do such a thing.
너라면   하지 않을텐데...

Translation

어린 왕자는 여전히 만족스럽지 않았다. "나는 머플러를 소유하고 있을 때는 그것을 목에 두르고 다닐 수가 있어요. 또 꽃을 소유하고 있다면 그 꽃을 꺾어서 가지고 다닐 수가 있어요. 하지만 아저씨는 하늘에 있는 별들을 딸 수가 없잖아요."

"No. But I can put them in the bank."

"Whatever does that mean?"

"That means that I write the number of my stars on a little paper. And then I put this paper in a drawer and lock it with a key."

VOCA

whatever (놀람·혼란스러움을 나타내는 의문문에서) 도대체 무슨[무엇] | drawer 서랍

JEFF의 핵심

1. V + (that) ~

   That means / that you are so clever.
   ~을/를

2. JEFF Message

   -) 모든 일의 출발은 자신감! 할 수 있다는 자신감이 중요합니다!

Translation

"못하지. 하지만 그것들을 은행에 맡길 수 있지." "그게 무슨 말이에요?" "작은 종이조각에 다 내 별들의 숫자를 적어. 그러고 나서 그것을 서랍에 넣고 열쇠로 잠근단 말이야."

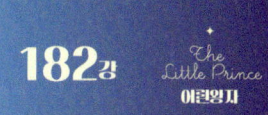

"And that is all?"

"That is enough," said the businessman.

"It is entertaining," thought the little prince. "It is rather poetic.

But it is of no great consequence."

On matters of consequence, the little prince had ideas which

were very different from those of the grown-ups.

VOCA

entertaining 재미있는 | poetic 시의, 시적인

JEFF의 핵심

1. **of consequence**   중요한

2. **명사 (which + V)**

    He had ideas (which were different from those of others.)

Translation

"그게 다예요?" "그뿐이지." '그것 재미있는데. 꽤나 시적이야. 하지만 그리 중요한 일은 아닌 거 같아.'하고 어린 왕자는 생각했다.
어린 왕자는 중요한 일에 대해서 생각하는 것이 어른들과 매우 달랐다.

"I myself own a flower," he continued his conversation with the businessman, "which I water every day. I own three volcanoes, which I clean out every week (for I also clean out the one that is extinct; one never knows).

VOCA

conversation 대화 | businessman 사업가

JEFF의 핵심

1. 명사, which + S + V

I own a flower, which I water every day.

2. 명사 (that + V)

Translation

"나는 말이에요, 꽃을 한 송이 소유하고 있는데 매일 물을 줘요. 세 개의 화산도 소유하고 있는데 매주 그 음을 청소해 주곤 해요. 불이 꺼진 화산도 청소해 줘요. 언제 어떻게 될지 알 수 없으니까요.." 어린왕자는 사업가와의 대화를 계속했다.

184강 The Little Prince 어린왕자

It is of some use to my volcanoes, and it is of some use to my flower, that I own them. But you are of no use to the stars..."

The businessman opened his mouth, but he found nothing to say in answer. And the little prince went away.

"The grown-ups are certainly altogether extraordinary," he said simply, talking to himself as he continued on his journey.

VOCA

be no use 소용없다 | altogether 완전히, 전적으로

JEFF의 핵심

1. It ~ that …

   It was true that I solved the problem.

2. 명사 + (to + 동사원형)

   수식

3. △ ~ing
   ~하면서

Translation

내가 그것들을 소유하는 건 내 화산들에나 내 꽃에 유익한 일이에요. 하지만 아저씨는 별들에 별로 쓸모가 없잖아요..." 사업가는 입을 열어 무슨 말을 하려 했으나 대답하지 못했다. 그래서 어린 왕자는 떠나 버렸다. "어른들은 정말 이상해." 어린 왕자는 중얼거리며 여행을 계속했다.

The fifth planet was very strange. It was the smallest of all. There was just enough room on it for a street lamp and a lamplighter. The little prince was not able to reach any explanation of the use of a street lamp and a lamplighter, somewhere in the heavens, on a planet which had no people, and not one house.

VOCA

lamplighter (가로등) 불 켜는 사람 | explanation 설명

JEFF의 핵심

1. 문장이 길어 질수록 끊어 읽기가 중요하다.
   콤마와 전치사에서 적절히 끊자!

2. 명사 + (which + V)
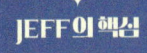

Translation

다섯 번째 별은 무척이나 이상했다. 그것은 모든 별 중에서 제일 작은 별들이었다. 겨우 가로등 하나와 가로등을 켜는 점등원 한 사람만이 있을 자리밖에 없었다. 하늘 어딘가에서 집도 없고 사람들도 살지 않는 별에서 가로등 켜는 사람이 왜 필요한 것인지 어린 왕자는 도무지 이해할 수가 없었다.

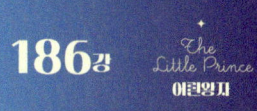

But he said to himself, nevertheless:

"It may well be that this man is absurd. But he is not so absurd as the king, the conceited man, the businessman, and the tippler.

VOCA

nevertheless 그럼에도 불구하고 | **absurd** 어처구니 없는

JEFF의 핵심

1. It ~ that ···

   It may well be that he is clever.
   아마 ~일 거다

2. so ~ as ···   ···만큼 ~한

   He is not so kind as Jeff.

3. A , B , C , and D

   나열되는 것의 마지막 앞에 and 쓸 것

Translation

"그렇지만 이 사람은 어리석은 사람인지도 몰라. 그래도 왕이나 허영심 많은 사람이나 사업가 혹은 술꾼만큼 어리석지는 않을 거야." 어린 왕자는 속으로 생각했다.

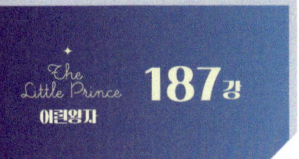

For at least his work has some meaning. When he lights his street lamp, it is as if he brought one more star to life, or one flower. When he puts out his lamp, he sends the flower, or the star, to sleep. That is a beautiful occupation. And since it is beautiful, it is truly useful."

VOCA

at least 최소한, 적어도 | put out (불을) 끄다 | truly 진심으로

1. **as if ~** 마치 ~인 것처럼

   He talks as if he were rich.

2. **since** ~이래로
              ~때문에

Translation

"적어도 가로등을 켤 때는 별 한 개를, 혹은 꽃 한 송이를 더 태어나게 하는 것처럼 그가 하는 일은 하나의 의미가 있거든. 가로등을 끌 때면 그 꽃이나 그 별을 잠들게 하는 거야. 이건 정말 아름다운 직업이야. 아름답기 때문에 진정 쓸모 있는 것이야."

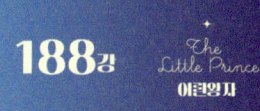

영문 Audio 듣기

188강 The Little Prince 어린왕자

When he arrived on the planet he respectfully saluted the lamplighter.

"Good morning. Why have you just put out your lamp?"

"Those are the orders," replied the lamplighter. "Good morning."

"What are the orders?"

VOCA

respectfully 정중하게 | lamplighter 가로등 켜는 사람 | order 명령

JEFF의 핵심

〈문두〉
1. 접속사 ~ / S + V

2. **have just p.p.**   방금 막 ~하다

   I have just finished my homework

Translation

어린 왕자가 그 행성에 도착해서 가로등 켜는 사람에게 공손히 인사했다. "안녕하세요, 왜 방금 가로등을 끄셨나요?" "그건 명령이었단다. 안녕!" 가로등 켜는 사람이 대답했다. "명령이 뭐였는데요?"

"The orders are that I put out my lamp. Good evening."

And he lighted his lamp again.

"But why have you just lighted it again?"

"Those are the orders," replied the lamplighter.

"I do not understand," said the little prince.

JEFF의 핵심

1. **~ be that …** ~는 that 이하이다

   The fact is that JEFFSTUDY.com is awesome.

Translation

"명령은 내가 가로등을 끄는 거란다. 안녕." 그리고 그는 다시 가로등을 켰다. "왜 지금 막 가로등을 다시 켰어요?" "명령이야." 가로등 켜는 사람이 대답했다. "이해가 안 돼요." 어린 왕자가 말했다.

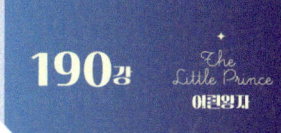

"There is nothing to understand," said the lamplighter. "Orders are orders. Good morning."

And he put out his lamp. Then he mopped his forehead with a handkerchief decorated with red squares.

VOCA

mop 닦다 | forehead 이마 | handkerchief 손수건 | decorated 장식된 | square 정사각형

JEFF의 핵심

1. (대)명사 (to + 동사원형)
    ~하는

    There is nothing to worry about.

2. 명사 + (p.p.)
    ~된

Translation
"이해할 것 따위는 없어. 명령은 명령일 뿐이니까. 안녕." 가로등 켜는 사람이 말했다. 그리고 다시 가로등을 껐다. 그리고 나서는 빨간 바둑판무늬로 장식된 손수건으로 이마의 땀을 닦았다.

"I follow a terrible profession. In the old days it was reasonable. I put the lamp out in the morning, and in the evening I lighted it again. I had the rest of the day for relaxation and the rest of the night for sleep."

"And the orders have been changed since that time?"

VOCA

follow (직업) 종사하다 | relaxation 휴식

JEFF의 핵심

1. rest 휴식
   the rest 나머지

2. have + p.p. / since + 과거시점 표현
   ~이래로
   과거부터 현재까지 쭉~

Translation

"난 정말 이상한 직업을 가지고 있지. 예전에는 그런대로 괜찮았어. 아침에 불을 끄고 밤 되면 다시 켰었지. 그래서 나머지 낮에는 쉴 시간이 있었고, 밤에는 잠을 잘 수 있었어." "그런데, 명령이 바뀌었나 봐요?"

"The orders have not been changed," said the lamplighter. "That is the tragedy! From year to year the planet has turned more rapidly and the orders have not been changed!"

VOCA

tragedy 비극 | rapidly 빨리, 급속히

JEFF의 핵심

1. 접속사 앞에서 확! 끊기

2.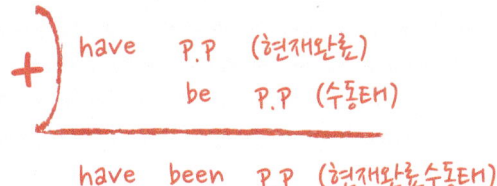

Translation

"명령은 바뀌지 않았어! 그게 바로 비극이야. 그때부터 지금까지 행성은 빨리 돌고 있는데 명령은 바뀌지 않았어!" 가로등 켜는 사람이 말했다.

"Then what?" asked the little prince.

"Then — the planet now makes a complete turn every minute, and I no longer have a single second for repose. Once every minute I have to light my lamp and put it out!"

"That is very funny! A day lasts only one minute, here where you live!"

VOCA
no longer 이미 ...이 아니다 | repose 휴식

JEFF의 핵심

1. / and + S + V

2. **no longer** 더 이상 ~않다

I know / we are no longer together.

Translation
"그래서요?" 어린 왕자가 말했다. "그래서 이제는 이 별이 1분마다 일회전을 하고 있으니까 1초도 쉴 시간이 없는 거야. 1분마다 한 번씩 껐다가 켰다가를 반복해야 하는 거지." "그거참 재미나네요! 당신이 사는 이곳에서는 하루가 오직 1분이라니!"

194강 The Little Prince 어린왕자

"It is not funny at all!" said the lamplighter. "While we have been talking together a month has gone by."

"A month?"

"Yes, a month. Thirty minutes. Thirty days. Good evening." And he lighted his lamp again. As the little prince watched him, he felt that he loved this lamplighter who was so faithful to his orders.

VOCA

lamplighter 가로등 켜는 사람 | faithful 충실한 | order 명령

JEFF의 핵심

〈문두〉
1. (접속사 ~), / S + V

2. V + (that) ~
   ~을/를

3. 명사 + (who + V)

I felt / (that) I loved the girl (who was pretty).
       ~을/를

Translation

"조금도 재미나지 않아. 우리가 이야기하는 동안 벌써 한 달이 지나갔어." 가로등 켜는 사람이 말했다. "한 달이요?" "그래, 삼십 분이니까, 삼십 일이지! 잘 자렴." 그리고는 그는 다시 가로등을 켰다. 어린 왕자는 그를 쳐다보면서, 명령에 그토록 충실한 그 점등원이 좋아짐을 느꼈다.

He remembered the sunsets which he himself had gone to seek, in other days, merely by pulling up his chair; and he wanted to help his friend.

"You know," he said, "I can tell you a way you can rest whenever you want to…"

"I always want to rest," said the lamplighter.

VOCA

merely 단지, 다만 | pull up a chair 의자를 앞으로 당기다

JEFF의 핵심

1. 명사 + (which + S + V)

2. had + p.p.   과거완료 =〉 과거보다 더 이전!

3. by + ~ing   ~함으로써

We can make the air cleaner by walking.

Translation

어린 왕자는 의자를 앞으로 당기면서 일몰을 보고 싶어 하던 지난 날이 생각났다. 그는 친구를 도와주고 싶은 맘이 들었다. "저기 말이에요. 쉬고 싶을 때 쉴 방법이 있어요." "나야 언제나 쉬고 싶지." 가로등 켜는 사람이 말했다.

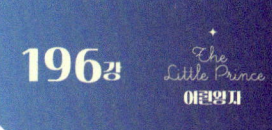

For it is possible for a man to be faithful and lazy at the same time. The little prince went on with his explanation:

"Your planet is so small that three strides will take you all the way around it. To be always in the sunshine, you need only walk along rather slowly."

> VOCA

stride 큰 걸음 | all the way 내내 | walk along 계속 걷다

JEFF의 핵심

1. It ~ for ··· to ~
   가주어 의미상의주어 진주어

   It is possible for a man to learn English.
   → learn의 주체

2. so ~ that ···
   → 너무~해서 ···하다

3. be 동사의 두가지 뜻?
   ☆ ~이다
      있다(존재하다)

Translation

사람은 동시에 성실하면서도 또 한편 게으름 부리는 것이 가능한 법이다. 어린 왕자는 그 설명을 계속했다. "아저씨 별은 너무 작으니까 세 발짝만 디디면 한 바퀴 다 돌 수 있잖아요. 언제나 햇빛 속에 있기 위해선 조금 더 천천히 걸어가기만 하면 되는 거예요."

"When you want to rest, you will walk — and the day will last as long as you like."

"That doesn't do me much good," said the lamplighter. "The one thing I love in life is to sleep."

VOCA

as long as ~하는 동안, ~하는 한

JEFF의 핵심

1. as long as ~   ~하는 한

2. 명사 + (S + V)

3. be to + 동사원형
   ~하는 것

Translation

"아저씨가 쉬고 싶을 때면 걸어가도록 해요. 그러면 하루해가 아저씨가 원하는 만큼 길어질 수 있을 거예요." "그건 별로 도움이 되지 못하겠는걸. 내가 내 삶에서 무엇보다 좋아하는 건 잠을 자는 거거든." 가로등 켜는 사람이 말했다.

198강 The Little Prince 어린왕자

"Then you're unlucky," said the little prince.

"I am unlucky," said the lamplighter. "Good morning."

And he put out his lamp.

"That man," said the little prince to himself, as he continued farther on his journey, "that man would be scorned by all the others: by the king, by the conceited man, by the tippler, by the businessman."

VOCA

unlucky 불행한 | scorn 경멸하다, 무시하다

JEFF의 핵심

1. /as + S + V
   접속사
   (~하면서)

2. would be + p.p
   ~일거다 (+) ~되다
   → 되어질거다

   The man would be scorned.
   무시되어질거다

Translation

"그렇다면 당신은 불행하군요." 어린 왕자가 말했다. "난 운이 없어. 안녕." 가로등 점화하는 사람이 말했다. 그리고 나서는 가로등을 껐다. "저 사람은…" 더 멀리 여행을 계속하면서 어린 왕자는 말했다. "저 사람은 다른 모든 사람들, 왕이나 허영심 많은 사람이나 술꾼, 혹은 사업가 같은 사람들로부터 무시를 당하겠지."

Nevertheless he is the only one of them all who does not seem

to me ridiculous.

VOCA

ridiculous 우스운, 어리석은

JEFF의 핵심

1. 명사 + who + 동사
   (사람)

   의미적으로 같은 존재

   단수명사 -> 단수동사
   복수명사 -> 복수동사

   He is the man who do not smile.
                      does

   They are the people who does not smile.
                           do

Translation

그럼에도 불구하고 그는 내게 우스꽝스럽게 보이지 않는 유일한 사람이야.

"Perhaps that is because he is thinking of something else besides himself."

He breathed a sigh of regret, and said to himself, again:

"That man is the only one of them all whom I could have made my friend."

VOCA

perhaps 아마도 | breathe 숨을 쉬다

JEFF의 핵심

1. 앞뒤 내용 잘 구분!

   결과 + That is because + 원인

   원인 + That is why + 결과
   　　　　　(그래서)

2. 명사 + (whom + S + V)
   (사람)

Translation

"아마도 그건 그가 자기 자신이 아닌 다른 일에 전념하기 때문일 거야." 그는 한숨을 내쉬며 다시금 스스로 말했다. "내가 친구로 삼고 싶었던 유일한 사람이 저 아저씨인데…"

"But his planet is indeed too small. There is no room on it for two people..."

What the little prince did not dare confess was that he was sorry most of all to leave this planet, because it was blest every day with 1440 sunsets!

VOCA

confess 고백하다 | bless 신의 축복을 빌다

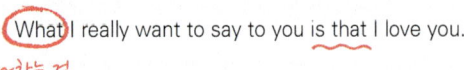

1. what + 허전한 문장
   ~하는 것

2. ⋯ be that ~   ⋯은 ~ 이하이다

   What I really want to say to you is that I love you.
   ~하는 것

Translation

"하지만 그의 별은 너무 작아. 두 사람을 위한 공간이 없어." 어린 왕자가 감히 고백하지 못했던 것은 매일 1,440번이나 해가 지는, 신의 축복을 받은 그 행성을 떠나기 몹시 아쉬웠다는 사실이다.

202강

The sixth planet was ten times larger than the last one. It was inhabited by an old gentleman who wrote voluminous books.

"Oh, look! Here is an explorer!" he exclaimed to himself when he saw the little prince coming.

VOCA

voluminous 부피가 아주 큰 | exclaim 소리치다

JEFF의 핵심

1. 명사(사람) + (who + 동사)

2. 접속사 앞 확! 끊기!

Translation
여섯 번째 행성은 이전의 행성보다 10배나 더 컸다. 그 행성에는 굉장히 커다란 책을 쓰고 있는 노신사 한 분이 살고 있었다. "오! 보자! 탐험가가 하나 오는군!" 어린 왕자를 보면서 그가 큰 소리로 외쳤다.

The little prince sat down on the table and panted a little. He had already traveled so much and so far!

"Where do you come from?" the old gentleman said to him.

"What is that big book?" said the little prince. "What are you doing?"

VOCA

pant 헐떡이다 | already 이미 | far 멀리

1. **had p.p.** 과거완료 -> 과거보다 더 이전의 일!

Translation

어린 왕자는 테이블 위에 걸터앉아 숨을 헐떡였다. 그는 너무 많은 그리고 너무 긴 여행을 했다. "어디서 오는 거냐?" 그 노인이 물었다. "이 두꺼운 책은 뭐예요? 할아버지께서는 여기서 뭘 하시는 거예요?" 어린 왕자가 물었다.

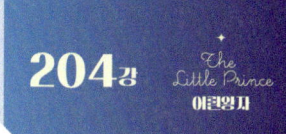

204강 The Little Prince 어린왕자

"I am a geographer," said the old gentleman.

"What is a geographer?" asked the little prince.

"A geographer is a scholar who knows the location of all the seas, rivers, towns, mountains, and deserts."

VOCA

geographer 지리학자 | scholar 학자 | location 위치

JEFF의 핵심

1. 명사(사람) + (who + 동사)

   Jeff is the man (who knows the secret of English.)

Translation

"난 지리학자란다." 노신사가 말했다. "지리학자가 뭐에요?" 어린 왕자가 물었다.
"지리학자는 모든 바다, 강, 도시, 산, 그리고 사막이 어디에 위치해 있는지를 아는 사람이란다."

영문 Audio 듣기

"That is very interesting," said the little prince. "Here at last is a man who has a real profession!" And he cast a look around him at the planet of the geographer. It was the most magnificent and stately planet that he had ever seen.

VOCA

cast (시선 등을) 던지다 | stately 위엄있는, 위풍당당한, 우아한

JEFF의 핵심

1. 명사(사람) + (who + 동사)

2. 명사 + (that + S + V)

3. had p.p.

Translation

"그거참 재미있네요. 진정한 직업다운 직업이군요!"
어린 왕자는 말하고 지리학자의 행성을 한 번 둘러보았다. 그 행성은 그가 이제껏 봐온 행성 중 가장 멋진 행성이었다.

206강 The Little Prince 어린왕자

"Your planet is very beautiful," he said. "Has it any oceans?"

"I couldn't tell you," said the geographer.

"Ah!" The little prince was disappointed. "Has it any mountains?"

"I couldn't tell you," said the geographer.

VOCA

geographer 지리학자 | disappointed 실망한, 낙담한

JEFF의 핵심

1. **could는 기본적으로 '과거'가 아니다!!** (물론 can의 과거형으로 쓰일 때도 있다.)

If you like, I could do it now.
              가능성

Could you open the window?
  정중함

She said that she couldn't come.
             can의 과거형

Translation

"당신(할아버지) 행성은 참 아름답군요. 넓은 바다도 있나요?"
"말해줄 수 없단다." 지리학자가 대답했다.
"아! 그래요?" 어린 왕자는 실망했다 "그럼 산은 있나요?"
"난 모른단다." 지리학자가 말했다.

"And towns, and rivers, and deserts?"

"I couldn't tell you that, either."

"But you are a geographer!"

"Exactly," the geographer said. "But I am not an explorer. I haven't a single explorer on my planet."

VOCA

either (부정문에서) ~또한(그렇다) | explorer 탐험가

1. ~도 역시

He is handsome, too.

He isn't handsome, either.

Translation

"그럼 마을, 강, 사막은요?" "그것도 알 수 없단다." 지리학자가 말했다.
"하지만 할아버지는 지리학자잖아요!"
"맞아. 하지만 난 탐험가가 아니거든. 내 행성에는 탐험가가 한 명도 없단다."

It is not the geographer who goes out to count the towns, the rivers, the mountains, the seas, the oceans, and the deserts. The geographer is much too important to go loafing about. He does not leave his desk. But he receives the explorers in his study.

VOCA

geographer 지리학자 | mountain 산 | study 연구, 연구실, 서재

JEFF의 핵심

1. It ~ who ⋯   ... 한 것은 ~(바로)이다.

   It is the girl who likes me.

   강조되는 말이 '사람'일 때, that 대신에 who를 써도 된다!

Translation

"지리학자는 도시나 강, 산, 바다, 대양, 사막을 세러 다니지는 않는단다. 지리학자는 아주 중요한 사람이어서 여유롭게 돌아다닐 수가 없어. 지리학자는 책상을 떠날 수가 없어. 하지만, 연구를 통해 탐험가들을 만난단다."

"He asks them questions, and he notes down what they recall of their travels. And if the recollections of any one among them seem interesting to him, the geographer orders an inquiry into that explorer's moral character."

VOCA

recall 회상하다 | recollection 회상, 기억 | moral character 도덕적 인격

JEFF의 핵심

1. what + 허전한 문장
   ~하는 것

I want to know what you want.

2. 〈문두〉
   접속사 ~ ,

   끊어 읽기 중요!

Translation

"그들(탐험가들)에게 여러 가지 질문을 하여 그들이 회상하는 것들을 기록하는 거야. 탐험가의 기억 중에 흥미로운 게(조금 특이한 게) 있다면, 지리학자는 탐험가의 도덕적인 인격에 대해 조사시킨단다."

"Why is that?"

"Because an explorer who told lies would bring disaster on the books of the geographer. So would an explorer who drank too much."

"Why is that?" asked the little prince.

VOCA

explorer 탐험가 | disaster 참사, 재앙 | geographer 지리학자

JEFF의 핵심

1. 명사 + who + 동사

2. So + S + V
   그래서
   You are so beautiful. So I love you.

   So + V + S
   ~도 마찬가지
   A : I am rich.
   B : So am I.

Translation
"그건 왜죠?"
"거짓말을 하는 탐험가가 있다면 지리책에 커다란 참사가 일어나게 될 테니까 말이다. 술을 너무 많이 마시는 탐험가도 마찬가지란다."
"그건 왜요?" 어린 왕자가 물었다.

"Because intoxicated men see double. Then the geographer would note down two mountains in a place where there was only one."

"I know someone," said the little prince, "who would make a bad explorer."

VOCA

intoxicated 술에 취한 | note down 적어 두다

JEFF의 핵심

1. 장소 + (where ~)

2. make　'되다' 라는 뜻이 있음에 유의!

Translation

"왜냐하면 술에 취한 사람들은 사물을 둘(두 배)로 보거든. 그럼, 지리학자는 산이 하나밖에 없는 지역에 산을 두 개라 적게 될 거란다."
"저도 올바르지 못한 탐험을 하는 누군가를 알고 있어요." 어린 왕자가 말했다.

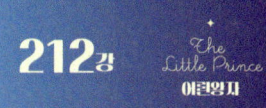

"That is possible. Then, when the moral character of the explorer is shown to be good, an inquiry is ordered into his discovery."

"One goes to see it?"

"No. That would be too complicated. But one requires the explorer to furnish proofs."

> **VOCA**
>
> discovery 발견 | complicated 복잡한 | furnish 제공하다, 비치하다

JEFF의 핵심

〈문두〉

1. 접속사 ~ /,

2. 5형식 이해!

   I requried. (나는 요구했다.)

   I requried him. (나는 그를 요구했다.) -> 어색!

   주술관계
   I roquried him to stop smoking -> 어색하지 않음.
   (나는 그가 담배피는 것을 멈추라고 요구했다.)

Translation

"그럴 수도 있단다. 그래서 탐험가의 도덕적 인격이 좋아 보여야 그의 발견에 대해 조사한단다."
"확인하러 가나요?"
"아니지. 그건 너무 복잡해. 하지만, 그 대신 탐험가에게 증거를 제공하라고 요구한단다."

"For example, if the discovery in question is that of a large mountain, one requires that large stones be brought back from it."

The geographer was suddenly stirred to excitement.

"But you — you come from far away! You are an explorer! You shall describe your planet to me!"

VOCA

stir (사람이) 움직이다 | excitement 흥분, 신남

JEFF의 핵심

1. V + that ~
   ~을/를

2. V + that + S + V
   should + 동사원형
   - 주장(insist)
   - 명령(order, command)
   - 제안(propose)
   - 요구(demand, require)
   - 충고(advise)

   I required that the problem should be solved as soon as possible.
   호응!

Translation

"예를 들어 만약 커다란 산을 발견했을 때는 커다란 돌멩이를 가져오라고 요구하는 거야."
지리학자는 갑자기 흥분하며 움직였다.
"그런데 너는 멀리서 왔구나! 너는 탐험가야! 너의 행성에 관해서 이야기해주렴!"

 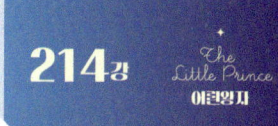

And, having opened his big register, the geographer sharpened his pencil. The recitals of explorers are put down first in pencil. One waits until the explorer has furnished proofs, before putting them down in ink.

VOCA

register 등록하다 | sharpen 날카롭게 하다 | recital 장황한 이야기

JEFF의 핵심

〈문두〉

1. **Having p.p ~** S + V

   ~했으면서 (뒤에 나오는 동사 행위보다 먼저 발생한 느낌!)

   Having finished his homework, he went home.
   → 끝낸 것이 먼저

2. **전치사 + ~ing**   전치사 뒤 동사는 반드시 ~ing 형태로!

Translation

그러더니 지리학자는 큰 장부를 펼치고 연필을 날카롭게 깎았다. 탐험가들의 장황한 이야기를 처음에는 연필로 적는다. 그리고 나서 잉크로 옮겨 적기 전에 그가 증거를 가져오기를 기다리는 것이었다.

"Well?" said the geographer expectantly.

"Oh, where I live," said the little prince, "it is not very interesting. It is all so small. I have three volcanoes. Two volcanoes are active and the other is extinct. But one never knows."

VOCA

expectantly 기대하며 | volcano 화산 | extinct 사화산의

JEFF의 핵심

1.
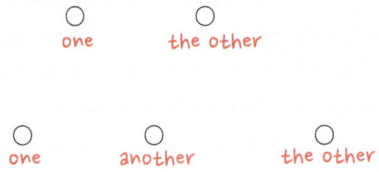

Translation

"자~ 말해보렴." 지리학자가 기대하며 물었다.
"아, 내가 사는 곳은요…" 어린 왕자가 말했다 "별로 흥미롭지 않아요. 아주 작거든요. 화산이 셋 있어요. 둘은 활화산이고 하나는 불이 꺼진 화산이지요. 하지만 언제 어떻게 될지 아무도 모르지요."

"One never knows," said the geographer.

"I have also a flower."

"We do not record flowers," said the geographer.

"Why is that? The flower is the most beautiful thing on my planet!"

"We do not record them," said the geographer, "because they are ephemeral."

> VOCA

record 기록하다 | ephemeral 수명이 짧은, 일시적인, 단명하는

JEFF의 핵심

"어린왕자! 재밌게 잘 읽고 계시죠? ^.^

우리 포기하지 않고 끝까지 읽는 거에요! 홧팅!"

– From Jeff.

Translation

"언제 어떻게 될지 아무도 알 수 없지." 지리학자가 말했다.
"제겐 꽃 한 송이도 있어요."
"우린 꽃은 기록하지 않아." 지리학자가 말했다.
"왜요? 제 행성에서 가장 예쁜데요!"
"그건 기록하지 않아." 지리학자가 말했다. "꽃들은 수명이 짧아서 안 돼."

"What does that mean — 'ephemeral'?"

"Geographies," said the geographer, "are the books which, of all books, are most concerned with matters of consequence."

VOCA

ephemeral 수명이 짧은, 일시적인, 단명하는 | geography 지리학

JEFF의 핵심

1. (, ,) ↳ 부연설명

2. 명사 + (which + V)

3. be concerned with ~   ~와 관련되다

Translation

"수명이 짧다는 말이 무슨 말이에요?"
"지리책은 모든 책 중 가장 중요한 것들에 대한 것이 쓰이는 책이야." 지리학자가 말했다.

 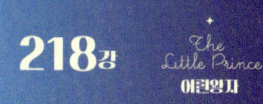

"They never become old-fashioned. It is very rarely that a mountain changes its position. It is very rarely that an ocean empties itself of its waters. We write of eternal things."

"But extinct volcanoes may come to life again," the little prince interrupted. "What does that mean — 'ephemeral'?"

> **VOCA**
>
> old-fashioned 유행이 지난 | rarely 좀처럼 ~않는 | eternal 영원한 | interrupt 끼어들다

JEFF의 핵심

1. It ~ that …

    It is very rarely that my friend gives up.
    매우 드문

2. Volcanoes may come to life.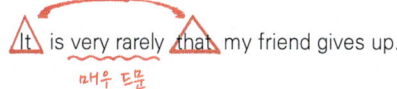
    폭발하다

Translation

"지리책은 유행에 뒤처지는 법이 없지. 산이 위치를 바꾸는 일은 매우 드물지. 바닷물의 물이 비어 버리는 일도 매우 드물어. 우리는 변하지 않는 것들만 기록한단다."
"하지만 불 꺼진 화산들이 다시 폭발할 수도 있잖아요."
어린 왕자가 말을 가로막으며 말했다. "수명이 짧다는 게 무슨 말이에요?"

"Whether volcanoes are extinct or alive, it comes to the same thing for us," said the geographer. "The thing that matters to us is the mountain. It does not change."

"But what does that mean — 'ephemeral'?" repeated the little prince, who never in his life had let go of a question, once he had asked it.

VOCA

whether ~이든 아니든 | ephemeral 일시적인, 단명하는 | repeat 반복하다

JEFF의 핵심

1. 명사 + (that + V1 …. ,) / V2

   부연설명

   The thing (that matters to me) is you.

2. 명사, who + V

   대입

Translation

"화산이 활화산이든 휴화산이든 우리에게는 마찬가지란다. 우리에게 중요한 건 산이란다. 산은 변하지 않거든." 지리학자가 말했다.

"그런데 수명이 짧다는 게 무슨 말이에요?"

일단 질문을 하기 시작하면 평생 포기해 본 적이 없는 어린 왕자가 되물었다.

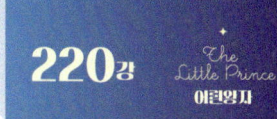

"It means, 'which is in danger of speedy disappearance.'"

"Is my flower in danger of speedy disappearance?"

"Certainly it is."

"My flower is ephemeral," the little prince said to himself, "and she has only four thorns to defend herself against the world. And I have left her on my planet, all alone!"

VOCA

speedy 빠른　|　defend 방어하다

1. which는 앞의 말을 가르킨다!

I have lived in Seoul, which is located in South Korea.

2. 문장 중간에 만난 'to+동사원형'의 가장 흔한 해석?　-> 하기 위해서

Translation

"그건 '빠르게 사라져 버릴 위험에 처해 있다'라는 걸 의미해."
"내 꽃은 빠르게 사라져 버릴 위험에 처해 있나요?" "물론이지."
"내 꽃이 금방 사라져 버린다고?" 어린 왕자는 생각했다. "세상에 맞서서 방어할 무기라곤 네 개의 가시밖에 없는, 그 꽃을 내 행성에 혼자 내버려 두고 왔어!"

That was his first moment of regret. But he took courage once more.

"What place would you advise me to visit now?" he asked.

"The planet Earth," replied the geographer. "It has a good reputation."

And the little prince went away, thinking of his flower.

VOCA

moment 순간 | regret 후회 | courage 용기 | reputation 평판

JEFF의 핵심

1. 다음 문장을 잘 구별하여 이해!

Would you advise me? 주술관계
Would you advise me to visit? 주술관계
What place would you advise me to visit?

2.  ~ing
~하면서

Translation

어린 왕자는 처음으로 후회했다. 그러나 그는 다시 한번 용기를 내 보았다.
"제가 어디를 방문하면 좋을지 말씀해 주시겠어요?" 그가 물었다.
"지구라는 행성으로 가봐." 지리학자가 대답했다. "대단히 평판이 좋은 곳이지."
그리하여 어린 왕자는 그의 꽃을 생각하며 다시 길을 떠났다.

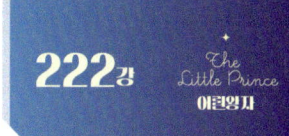

So then the seventh planet was the Earth.

The Earth is not just an ordinary planet! One can count, there, 111 kings (not forgetting, to be sure, the Negro kings among them), 7000 geographers, 900,000 businessmen, 7,500,000 tipplers, 311,000,000 conceited men — that is to say, about 2,000,000,000 grown-ups.

VOCA

ordinary 평범한 | forget 잊다 | Negro 흑인

JEFF의 핵심

1. **to be sure**   확실히

2. **that is to say**   즉, 다시 말해서

Translation

그리하여 일곱 번째 별은 지구였다. 지구는 그저 그런 평범한 행성이 아니었다! 그곳에는 111명의 왕(물론 확실히 잊을 수 없는 흑인 나라의 왕을 포함해서)과 7천 명의 지리학자가 있고, 90만 명의 사업가. 7백50만 명의 술꾼, 3억 1천1백만 명의 허영심 많은 사람, 즉 약 20억쯤 되는 어른들이 살고 있었다.

영문 Audio 듣기

To give you an idea of the size of the Earth, I will tell you that before the invention of electricity it was necessary to maintain, over the whole of the six continents, a veritable army of 462,511 lamplighters for the street lamps.

VOCA

invention 발명 | electricity 전기 | necessary 필요한 | maintain 유지하다 | continent 대륙 | veritable 진정한 | army 군대, 집단

JEFF의 핵심

〈문두〉
1. To + 동사원형 ~, S + V
   ~하기 위해서

2. V + that ~
   ~을/를

3. It ~ to + V
   가주어   진주어

Translation

지구의 크기를 가늠하기 위해, 전기가 발명되기 전까지는 여섯 대륙을 통틀어 462,511명이나 되는 가로등 점등하는 사람들을 두어야 했다는 이야기를 들으면 여러분은 지구가 얼마나 큰지 감을 잡을 수 있을 거 같다.

Seen from a slight distance, that would make a splendid spectacle. The movements of this army would be regulated like those of the ballet in the opera.

VOCA

slight 약간의 | splendid 훌륭한 | spectacle 광경 | regulate 규정하다 | ballet 무용극단

JEFF의 핵심

〈문두〉
1. (p.p.) ~ , S + V
   ~되면서

2. 대명사의 정의? -> 앞에 나온 명사의 반복을 피하기 위해 대신 쓴 말!

Translation
그래서 좀 멀리 떨어진 곳에서 보게 되면 정말 눈부시게 멋진 광경이었다. 그들이 무리 지어 움직이는 모습은 오페라단의 무용수처럼 질서정연한 것이었다.

영문 Audio 듣기

First would come the turn of the lamplighters of New Zealand and Australia. Having set their lamps alight, these would go off to sleep. Next, the lamplighters of China and Siberia would enter for their steps in the dance, and then they too would be waved back into the wings.

VOCA

Australia 호주 | set alight 불을 켜다 | go off 자리를 뜨다 | Siberia 시베리아
wave back | 손을 흔들어 ~을 물러나게 하다

JEFF의 핵심

1. 영어실력의 핵심? -> 결국엔 어휘력!

go off (~하러) 자리를 뜨다
wave (손, 팔을) 흔들다
wing (연극 무대의) 양 끝

Translation
맨 처음은 뉴질랜드와 오스트레일리아의 가로등 켜는 사람들이 나왔다. 가로등을 켜고 나면 그들은 잠을 자러 갔다. 그리고 나면 중국과 시베리아의 가로등 점화하는 사람들이 춤을 추며 나타났다가 무대 뒤로 손을 흔들며 사라졌다.

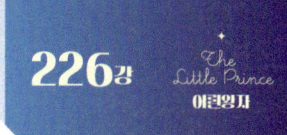

After that would come the turn of the lamplighters of Russia and the Indies; then those of Africa and Europe; then those of South America; then those of North America. And never would they make a mistake in the order of their entry upon the stage. It would be magnificent.

VOCA

Indies 인도 | South America 남미 | North America 북미 | entry 등장

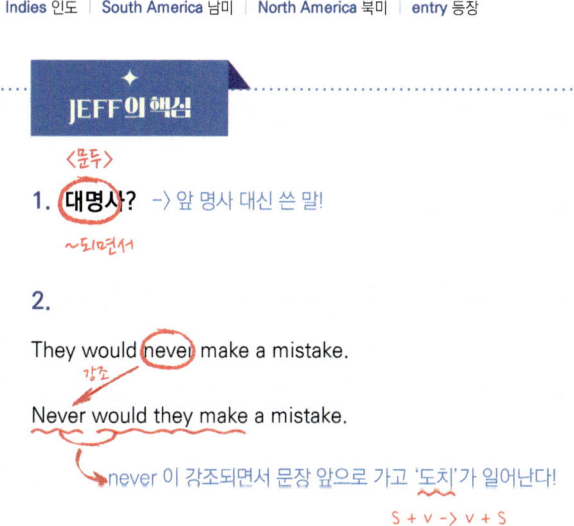

Translation

그 다음으로는 러시아와 인도의 가로등 켜는 사람들이 나타났고, 그 다음에는 아프리카와 유럽의 가로등 켜는 사람들, 또 그 다음에는 남아메리카의 가로등 켜는 사람들, 또 그 다음에는 북아메리카의 가로등 켜는 사람들이 차례로 나타났다. 그런데 그들은 한 번도 실수하지 않았다. 그것은 장엄한 광경이었다.

Only the man who was in charge of the single lamp at the North Pole, and his colleague who was responsible for the single lamp at the South Pole — only these two would live free from toil and care: they would be busy twice a year.

| VOCA |

be in charge of ~을 담당하다 | north pole 북극 | colleague 동료 | south pole 남극 | toil 노역, 고역

JEFF의 핵심

1. 명사 + (who + V)

2. A and B
두 개가 연결될 때 and 필요!

Translation
오직 북극에서 단 하나의 가로등을 담당하는 사람과 남극에 있는 그의 동료들만 이 힘든 일로부터 해방되었다. 그들은 일년에 두 번만 바빴다.

228강 The Little Prince 어린왕자

When one wishes to play the wit, he sometimes wanders a little from the truth. I have not been altogether honest in what I have told you about the lamplighters. And I realize that I run the risk of giving a false idea of our planet to those who do not know it. Men occupy a very small place upon the Earth.

VOCA

wit 재치, 지혜 | wander 거닐다 | honest 정직한 | run the risk of 위험을 무릅쓰다 | false 틀린 | occupy 차지하다

JEFF의 핵심

1. (what) + 허전한 문장
   ~하는 것

2. V + (that) ~
   ~을/를

3. 명사 + (who + 동사)

Translation

사람이 재치를 부리려다 보면 진실에서 벗어날 수가 있다. 점등원에 대해 내가 한 이야기는 항상 정직했던 건 아니다. 지구를 잘 알지 못하는 사람들에게 자칫하면 지구에 대한 잘못된 생각을 가지게 할 수도 있는 위험성이 있음을 깨달았다. 사람들은 지구의 아주 작은 공간만 차지한다.

영문 Audio 듣기

If the two billion inhabitants who people its surface were all to stand upright and somewhat crowded together, as they do for some big public assembly, they could easily be put into one public square twenty miles long and twenty miles wide. All humanity could be piled up on a small Pacific islet.

VOCA

inhabitant 주민 | people 가득 채우다 | surface 표면 | public assembly 대중 집회 | public square 공공광장
humanity 인간성, 인류 | pile up 쌓아 올리다 | islet 작은 섬

JEFF의 핵심

1. 영어실력! -> 결국엔 어휘력!

people ~을 가득 채우다
crowd (누구에게) 바싹 붙어 서다

2. (If) … be to + 동사원형
~한다면

You should work hard / if you are to succeed.

Translation

지구에서 사는 20억의 사람들이 지구 표면 위에서 어떤 큰 집회에서처럼 서로 바짝바짝 붙어서 있는다면, 길이 20마일 폭 20마일의 광장에 쉽게 들어갈 수 있을 것이다. 전 인류는 태평양의 아주 작은 섬 위에 차곡차곡 쌓아 올려질 수도 있다.

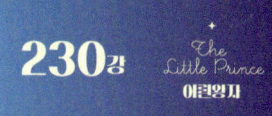

The grown-ups, to be sure, will not believe you when you tell them that. They imagine that they fill a great deal of space. They fancy themselves as important as the baobabs. You should advise them, then, to make their own calculations.

VOCA

fill 채우다 | great deal of 다량의, 많은 | calculation 계산

JEFF의 핵심

1. V + (that) ~
   ~을/를

2. **fancy** (실제로 아닌걸) ~이라고 믿다

3. **5형식!**

   You should advise him.
   You should advise him to learn English.
   주술관계

Translation
어른들은 물론 이런 말을 하면 믿지 않을 것이다. 그들은 자신들이 굉장히 거대한 공간을 차지하고 있다고 생각하고 있기 때문이다. 그들은 자신들이 바오밥나무처럼 중요하다고 생각한다. 그러니까 여러분은 그들에게 계산을 해 보라고 조언해 주어야 한다.

영문 Audio 듣기

They adore figures, and that will please them. But do not waste your time on this extra task. It is unnecessary. You have, I know, confidence in me.

When the little prince arrived on the Earth, he was very much surprised not to see any people.

VOCA

adore 아주 좋아하다 | figure 수치, 숫자 | extra 추가의 | unnecessary 불필요한

JEFF의 핵심

1. 형용사 + to + 동사원형

~하기에 / ~해서

I was surprised to see him

I was surprised not to see him.

부정

Translation

그들은(어른들은) 숫자를 좋아한다. 그러니 그런 충고는 그들은 기분 좋게 만들 것이다. 하지만 여러분은 그 추가적인 문제를 푸느라 시간을 낭비하지는 말길 바란다. 그럴 필요가 없는 일이다. 여러분들은 나를 믿기만 해라, 어린 왕자는 지구에 도착했을 때 아무도 만날 수 없었던 것에 놀랐다.

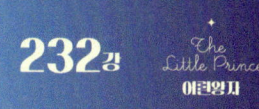

He was beginning to be afraid he had come to the wrong planet, when a coil of gold, the color of the moonlight, flashed across the sand.

"Good evening," said the little prince courteously.

"Good evening," said the snake.

VOCA

coil 고리 | flash 빛나다 | courteously 예의 바르게

JEFF의 핵심

1. /, 접속사

접속사 앞에서 확! 끊기

2. be beginning to + 동사원형　~하기 시작했다.

He was beginning to speak.

Translation

그는 잘못된 행성에 온 게 아닌가 싶어 겁이 나 있을 때, 달빛 색깔의 금빛 고리가 모래 속에서 빛났다.
"안녕하세요." 어린 왕자가 예의 바르게 말했다.
"안녕." 뱀이 대답했다.

"What planet is this on which I have come down?" asked the little prince.

"This is the Earth; this is Africa," the snake answered.

"Ah! Then there are no people on the Earth?"

"This is the desert. There are no people in the desert. The Earth is large," said the snake.

VOCA

planet 행성 | come down 내려오다, 착륙하다 | Earth 지구 | desert 사막

JEFF의 핵심

1. 명사 +(which + S + V)

2. There is + 단수명사
　　　　 are + 복수명사
　　　　~가 있다

Translation
"지금 내가 도착한 행성이 어디야?" 어린 왕자가 뱀에게 물었다.
"지구야. 아프리카야." 뱀이 대답했다.
"그래! 그럼, 지구에는 사람이 아무도 없니?"
"여긴 사막이야. 사막에는 사람이 살지 않아. 지구는 커다랄거든." 뱀이 말했다.

 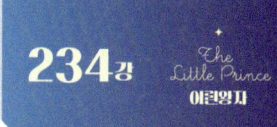

The little prince sat down on a stone, and raised his eyes toward the sky.

"I wonder," he said, "whether the stars are set alight in heaven so that one day each one of us may find his own again...

VOCA

raise 들다 | wonder 궁금하다 | set alight ~에 불을 켜다

JEFF의 핵심

1. Whether ~   ~인지 아닌지

2. so that ~   ~하기 위해서

She swims every day / so that she can stay healthy.
　　　　　　　　　　　　~하기 위해서

Translation

어린 왕자는 바위 위에 앉아 하늘을 쳐다보았다.
"난 궁금해." 그가 말했다. "모든 이들이 자기 별을 찾아낼 수 있도록 별들이 환히 빛나고 있는 건지가…"

Look at my planet. It is right there above us. But how far away it is!"

"It is beautiful," the snake said. "What has brought you here?"

"I have been having some trouble with a flower," said the little prince.

| VOCA |

above ~보다 위의 | trouble 문제, 골칫거리

1. 의문사가 주어인 의문문!   -> 의문사 + 동사 ~ ?

What has brought you here?

2. have been ~ing   ~해오고 있는 중이다.

We have been waiting for you.

Translation

"내 행성을 봐. 바로 우리들 위에 있어. 그런데 너무나 멀리 있지!"
"아름답구나. 넌 여기 뭐 하러 온 거야?" 뱀이 말했다.
"난 어떤 꽃이랑 안 좋은 일이 있었어." 어린 왕자가 말했다.

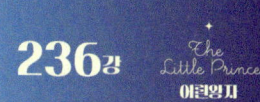

"Ah!" said the snake.

And they were both silent.

"Where are the men?" the little prince at last took up the conversation again. "It is a little lonely in the desert…"

"It is also lonely among men," the snake said.

The little prince gazed at him for a long time.

VOCA

silent 침묵을 지키는, 조용한 | take up 계속하다 | conversation 대화 | among ~사이에 | gaze at 응시하다

JEFF의 핵심

1. take up the conversation   대화를 시작하다.

2. 어린왕자 끝까지 읽을 수 있다는 자신감! 반드시 완독! 당신은 할 수 있습니다!

Translation
"그렇구나" 뱀이 대답했다. 그리고 그들은 둘 다 말이 없었다.
"사람들은 어디에 있지? 사막은 참 외로운 곳이구나."
어린 왕자가 마침내 다시 말을 걸었다.
"사람들과 함께 있어도 외롭기는 마찬가지야." 뱀이 말했다. 어린 왕자는 그를 한참 빤히 바라보았다.

"You are a funny animal," he said at last. "You are no thicker than a finger..."

"But I am more powerful than the finger of a king," said the snake.

The little prince smiled.

"You are not very powerful. You haven't even any feet. You cannot even travel..."

VOCA

thick 두꺼운 | powerful 강력한, 힘이 센

JEFF의 핵심

1. even -> 문장을 강조하는 느낌! (~도/조차)

He never opened the letter.

He never (even) opened the letter.

~도/ ~조차

Translation

"넌 참 재미있는 동물이구나. 손가락보다 더 두껍지도 않아..." 그가 말했다.
"그래도 난 왕의 손가락보다도 더 힘이 세단다." 뱀이 말했다.
어린 왕자는 미소 지었다.
"넌 힘이 세지 못한 거 같은데. 심지어 발이 없잖아. 여행도 할 수 없잖아."

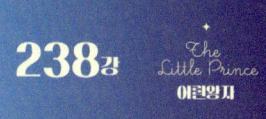

"I can carry you farther than any ship could take you," said the snake.

He twined himself around the little prince's ankle, like a golden bracelet.

"Whomever I touch, I send back to the earth from whence he came," the snake spoke again. "But you are innocent and true, and you come from a star..."

VOCA

farther 더 멀리 | twine 감다, 휘감다 | ankle 발목 | bracelet 팔찌 | whence ~한 곳에서 | innocent 순결한

JEFF의 핵심

1. than 앞에서 무조건 끊기!
2. like의 두 가지 뜻!
   - 좋아하다
   - ~처럼
3. whence ~하는 곳에서
   → 현대영어에서 잘 쓰이지 않음

Translation

"난 널 어떤 배보다 더 먼 곳으로 데려다 줄 수 있어." 뱀이 말했다.
그는 어린 왕자의 발 주위에 금팔찌처럼 똬리를 틀었다.
"난 나를 건드리는 모든 사람을 그가 태어난 땅으로 돌려보내 주지. 하지만 너는 순진하고 또 다른 별에서 왔으니까...."

The little prince made no reply.

"You move me to pity — you are so weak on this Earth made of granite," the snake said. "I can help you, someday, if you grow too homesick for your own planet. I can — "

VOCA

move 가슴이 뭉클어지게 하다 | pity 연민 | granite 화강암 | homesick 향수에 잠긴

JEFF의 핵심

1. 명사 + p.p. ~된

   I like the chair made of wood.

2. 콤마 콤마 구조 잘 볼 것!

    (, ,) 부연설명

3. 접속사 앞에서 확! 끊어 읽어야 한다.

Translation

어린 왕자는 대답하지 않았다. "넌 내게 측은한 생각이 들게 해. 이 딱딱한 화강암 덩어리의 지구에서 넌 무척이나 연약하구나. 네 행성이 몹시 그리워지면, 언제든지 내가 너를 도와줄 수 있어. 난 도와줄 수 있어." 뱀이 대답했다.

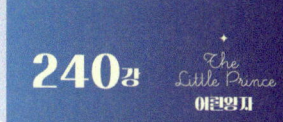

"Oh! I understand you very well," said the little prince.

"But why do you always speak in riddles?"

"I solve them all," said the snake.

And they were both silent.

VOCA

riddle 수수께끼 | solve 풀다

JEFF의 핵심

1. 따옴표 문장 뒤 S+V 가 나올 때 주어가 명사이냐, 대명사이냐 따라 다음 어순대로 적는다.

"   "   V + S
              명사

"   "   S + V
              대명사

Translation
"응! 잘 이해했어. 근데 왜 그렇게 언제나 수수께끼 같은 말을 하는 거니?"
"난 그 모든 걸 해결할 수 있어." 뱀이 말했다.
그러고는 둘 다 입을 다물었다.

The Little Prince

어린왕자 영어 365

The Little Prince

Part
03.

241~365강

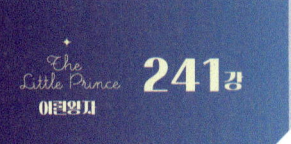

The little prince crossed the desert and met with only one flower. It was a flower with three petals, a flower of no account at all.

"Good morning," said the little prince.

"Good morning," said the flower.

VOCA

petal 꽃잎

JEFF의 핵심

1. cross의 동사로써의 의미? -> 건너다, 가로지르다.

2. A and B의 구조를 볼 줄 알아야 한다!
두 개를 이어 줄 때 반드시 and 필요!

3. of no account 시시한

Translation

어린 왕자는 사막을 횡단했는데 오직 꽃 한 송이를 만났다. 꽃잎이 세 장밖에 없는 볼품없는 꽃이었다.
"안녕." 어린 왕자가 말했다.
"안녕." 꽃이 말했다.

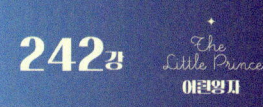

242강

"Where are the men?" the little prince asked, politely.

The flower had once seen a caravan passing.

"Men?" she echoed. "I think there are six or seven of them in existence. I saw them, several years ago."

VOCA

politely 정중하게, 공손히 | caravan (사막의) 대상 | existence 존재

JEFF의 핵심

1. had p.p.   -> 과거완료(과거보다 더 이전의 일)

2. 5형식 구조에 눈뜨자!

see + 목적어 + 동사원형   -> 목적어가 동사원형 하는 것을 보았다.

I saw the man cross the street.
주술관계

see + 목적어 + ~ing   -> 목적어가 ~하고 있는 중인 것을 보았다.

I saw the man crossing the street.
주술관계

Translation

"사람들은 어디에 있어요?" 어린 왕자가 정중히 물었다.
그 꽃은 언젠가 사막의 상인들이 지나가는 것을 본 적이 있었다.
"사람들요? 한 예닐곱 명 정도 있는 것 같아요. 몇 년 전에 그들을 본 적이 있어요."

But one never knows where to find them. The wind blows them away. They have no roots, and that makes their life very difficult."

"Goodbye," said the little prince.

"Goodbye," said the flower.

VOCA
blow away 불어 날리다 | root 뿌리

JEFF의 핵심

1. where + to + 동사원형 어디서 ~해야 할지

I don't know / where to find my dog.

2. 5형식에 눈뜨자!

주술관계

I have to make her happy.

Translation
"하지만 그들이 지금 어디 있는지는 아무도 알 수 없어요. 바람이 그들을 몰고 다니거든요. 그들은 뿌리가 없어요. 꽤 힘들 거예요."
"안녕히 계세요." 어린 왕자가 말했다.
"잘 가요." 꽃이 말했다.

 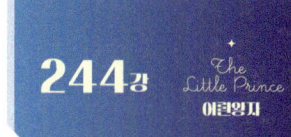

After that, the little prince climbed a high mountain. The only mountains he had ever known were the three volcanoes, which came up to his knees. And he used the extinct volcano as a footstool. "From a mountain as high as this one," he said to himself,

VOCA

climb 오르다 | volcano 화산 | extinct volcano 사화산 | footstool 발판

JEFF의 핵심

1. 과거완료(had p.p.)의 의미?

-> 과거의 어떤 사건보다 더 이전에 일어난 일!

We weren't hungry. We had just had lunch.
　　　　　　　　　　　　　　(과거완료)

My room was dirty. I hadn't cleaned it for weeks.
　　　　　　　　　　(과거완료)

2. 명사 + (S + V)

　　명사, which + V
　　(대입)

Translation

그 후 어린 왕자는 높은 산 위로 올라갔다. 그가 아는 산이라곤 세 개의 화산이 고작이었는데, 그 산들은 겨우 무릎 높이밖에 되지 않았다. 그리고 그는 불 꺼진 화산을 발판으로 이용했었다. "이렇게 높은 산에서는…" 그는 혼잣말했다.

"I shall be able to see the whole planet at one glance, and all the people…" But he saw nothing, save peaks of rock that were sharpened like needles.

"Good morning," he said courteously.

"Good morning — Good morning — Good morning," answered the echo.

"Who are you?" said the little prince.

VOCA

at one glance 한눈에 | save ~을 제외하고 | peak 봉우리 | sharpen 날카롭게 하다
needle 바늘 | courteously 예의 바르게 | echo 메아리

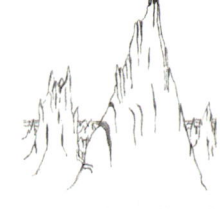

JEFF의 핵심

1. save 의 특별한 뜻? → ~을 제외하고는(=except)

The last save one. → 뒤에서 두번째

2. 명사 + (that + 동사)

I like ice cream that (has a vanilla flavor.)

Translation

"행성 전체와 사람들까지도 모두 한눈에 볼 수 있을 거야." 그러나 그는 바늘 끝처럼 뾰족뾰족한 산봉우리만 볼 수 있었다.
"안녕." 그가 예의 바르게 말했다.
"안녕…… 안녕…… 안녕……" 메아리가 대답했다.
"당신은 누구세요?" 어린 왕자가 말했다.

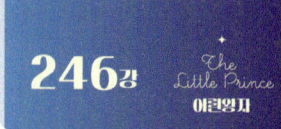

"Who are you — Who are you — Who are you?" answered the echo.

"Be my friends. I am all alone," he said.

"I am all alone — all alone — all alone," answered the echo.

'What a queer planet!' he thought.

VOCA

echo 메아리 | queer 이상한

JEFF의 핵심

1. Be 동사의 두 가지 중요한 뜻!

~이다.
있다.(존재하다)

2. 명령문의 어순? → 동사원형으로 문장 시작!

Be my friend.

Translation

"당신은 누구세요…… 당신은 누구세요…… 당신은 누구세요……." 메아리가 대답했다.
"내 친구가 되어 주세요. 나는 너무 외로워요." 그가 말했다.
"나는 너무 외로워요…… 나는 너무 외로워요…… 나는 너무 외로워요……." 메아리가 대답했다.
'참 이상한 행성이군!' 그는 생각했다.

"It is altogether dry, and altogether pointed, and altogether harsh and forbidding. And the people have no imagination. They repeat whatever one says to them... On my planet I had a flower; she always was the first to speak..."

VOCA

harsh 거친 | forbidding 험악한 | imagination 상상력 | repeat 반복하다

JEFF의 핵심

1. **what** + 허전한 문장
   ~하는 것
   They do what they want.

2. **whatever** + 허전한 문장
   ~하는 무엇이나
   They do whatever they want.
   * ever 가 붙으면 강조되는 느낌!!

3. 명사 + (to + 동사원형)

Translation

"너무 메마르고 뾰족뾰족하고 거칠고 험악해, 게다가 사람들은 상상력이 없어 다른 사람이 한 말만 따라만 하다니... 나의 행성에서는 한 송이 꽃이 있었지, 그 꽃은 언제나 먼저 말을 걸어왔는데..."

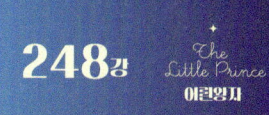

248강 The Little Prince 어린왕자

But it happened that after walking for a long time through sand, and rocks, and snow, the little prince at last came upon a road.

And all roads lead to the abodes of men.

"Good morning," he said. He was standing before a garden, all a-bloom with roses.

VOCA

come upon 우연히 만나다 | abode 사람 사는 곳 | a-bloom 꽃이 피어

JEFF의 핵심

1. 가주어 진주어 구문! -> 반드시 세모칠 것!

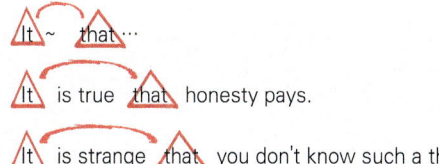

Translation
하지만, 어린 왕자는 모래, 바위, 눈 가운데를 오랫동안 걷고 난 후에 드디어 길을 하나 발견하게 되었다. 그런데 모든 길은 사람들이 사는 곳으로 연결되는 법이다.
"안녕." 그가 말했다.
그는 활짝 핀 장미와 함께 정원 앞에 서 있었다.

영문 Audio 듣기

"Good morning," said the roses.

The little prince gazed at them. They all looked like his flower.

"Who are you?" he demanded, thunderstruck.

"We are roses," the roses said.

And he was overcome with sadness. His flower had told him that she was the only one of her kind in all the universe.

VOCA

demand 묻다 | thunderstruck 벼락을 맞은 듯한 | overcome 압도하다 | universe 우주

JEFF의 핵심

1. like가 동사(좋아하다)로 쓰이지 않을 때, 전치사로써의 뜻? → ~처럼

You look like a ghost.

He looks like a millionaire.

2. 동사 + that + S + V
~을/를

Translation

"안녕." 장미꽃들이 말했다. 어린 왕자는 그들을 바라보았다. 그들은 모두 그의 꽃과 닮아 보였다. "당신들은 누구세요?" 깜짝 놀란 어린 왕자가 그들에게 물었다. "우리는 장미꽃들이에요." 장미꽃들이 말했다. "아. 그래?" 그러자 어린 왕자는 슬픔을 이겨내지 못했다. 그의 꽃은 온 우주에서 자기와 같은 꽃은 오직 자기 하나뿐이라고 그에게 말했었다.

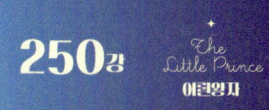

And here were five thousand of them, all alike, in one single garden!

"She would be very much annoyed," he said to himself, "if she should see that... She would cough most dreadfully, and she would pretend that she was dying, to avoid being laughed at."

VOCA

alike 비슷한 | annoyed 짜증이 난 | dreadfully 끔찍하게 | pretend ~인 척하다 | avoid 모면하다

JEFF의 핵심

1. **should의 뜻 조심!** -> If가 앞에 보이고, should가 보이면 should는 '혹시라도'라는 뜻!

   if ~ should ~, would …
   혹시라도

2. 동사 + (that) + S + V
   ~을/를

3. 문장 중간 이후의 'to+ 동사'의 강력한 해석?
   -> ~ 하기 위해서

Translation

그런데 한 정원 안에만 그와 똑같은 꽃들이 5천 송이나 있어 보였다.
"내 꽃이 이걸 보면 몹시 짜증스러울거야." 어린 왕자는 생각했다. "기침을 지독히 해대겠지. 창피스러운 모습을 보이지 않으려고 죽어가는 척할지도 몰라."

영문 Audio 듣기

"And I should be obliged to pretend that I was nursing her back to life — for if I did not do that, to humble myself also, she would really allow herself to die…"

Then he went on with his reflections: "I thought that I was rich, with a flower that was unique in all the world; and all I had was a common rose."

VOCA

be obliged to 어쩔 수 없이 ~ 하다 | nurse 간호하다 | humble 겸손한, 미천한 | allow 허용하다 | reflection 모습 | unique 독특한 | common 평범한

JEFF의 핵심

1. 가정법 과거! → 과거로 해석하지 '않는다'라는 것이 핵심!

If ~ (과거동사), (would + 동사원형) …

현재 or 미래적 느낌으로 해석

2. 5형식 정복! → 목적어 나옴에 수술관계 보는 것이 핵심!

He allowed me.

He allowed me to go first.
(주술관계)

Translation

"그리고 나는 그녀를 되살리기 위해 위로하는 척해야 할 것이었어. 그러지 않으면 내가 죄책감을 느끼도록 정말 스스로 죽어 버릴지도 몰라." 그리고 그는 또 이렇게도 생각했다. " 이 세상에 오직 하나뿐인 꽃을 가지고 있어서 부자라고 생각했어. 근데, 내가 가진 꽃은 그저 흔한 한 송이 꽃일 뿐이었어."

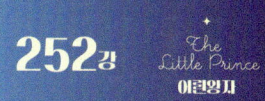

252강 The Little Prince 어린왕자

"A common rose, and three volcanoes that come up to my knees — and one of them perhaps extinct forever... That doesn't make me a very great prince..."

And he lay down in the grass and cried.

VOCA

perhaps 아마도 | lie down 눕다

JEFF의 핵심

1. 명사 + (that + 동사)

2. 5형식 정복!

   That doesn't make me.   주술관계
   That doesn't make me a prince.

3. lie – lied – lied : 거짓말하다
   lie – lay – lain : 눕다/있다
   lay – laid – laid : 놓다/두다

Translation

"흔한 꽃 한 송이, 그리고 겨우 내 무릎까지 오는 세 개의 화산… 그중에 하나는 불이 영원히 꺼질지도 모르고… 그것만으로 난 훌륭한 왕자가 될 수 없어." 그리고 그는 풀밭에 엎드려 울었다.

It was then that the fox appeared.

"Good morning," said the fox.

"Good morning," the little prince responded politely, although when he turned around he saw nothing.

"I am right here," the voice said, "under the apple tree."

VOCA

respond 응답하다 | although ~이긴 하지만

JEFF의 핵심

1. It ~ that … 강조구문!

It 세모! that 세모! 세모를 쳐야 문장이 보인다!

It was then that Jeff appeared.

2. 접속사 두 개가 나란히 붙어있을 때 괄호 처리 잘 할 것!

{접속사 + 접속사} 콤마와 마침표 잘 보기!

I think {that (although he is poor), he is happy.}

Translation

여우가 나타난 것은 바로 그때였다.
"안녕." 여우가 말했다.
"안녕하세요." 어린 왕자는 공손히 대답하고 주위를 돌아봤지만, 아무것도 보이지 않았다.
"난 여기 사과나무 밑에 있어." 좀 전의 그 목소리가 말했다.

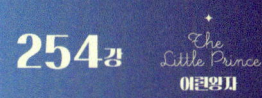

254강 The Little Prince 어린왕자

"Who are you?" asked the little prince, and added, "You are very pretty to look at."

"I am a fox," the fox said.

"Come and play with me," proposed the little prince. "I am so unhappy."

"I cannot play with you," the fox said. "I am not tamed."

VOCA

propose 제안하다 | tame 길들이다

JEFF의 핵심

1. 형용사 + to + 동사원형
   ~해서/ ~하기에
   Happy to meet you.

2. 따옴표 사이는 → '동사 + 주어' 어순.

   "   " V + S , "   "
   따옴표 사이에서는 V+S 어순!

Translation
"너는 누구니? 넌 참 예쁘구나……" 어린 왕자가 말했다.
"난 여우야." 여우가 말했다.
"이리 와서 나랑 놀아. 난 정말로 슬퍼." 어린 왕자가 말했다.
"난 너와 함께 놀 수 없어." 여우가 말했다.
"나는 길들여지지 않았거든."

"Ah! Please excuse me," said the little prince.

But, after some thought, he added:

"What does that mean — 'tame'?"

"You do not live here," said the fox. "What is it that you are looking for?"

VOCA

excuse me 미안해 | look for 찾다

JEFF의 핵심

1. (대)명사 + (that + S + V)

What is it (that you like)?

What is it (that you dislike)?

What is it (that you are reading)?

Translation
"아, 미안해." 어린 왕자가 말했다.
그러나 잠깐 생각해 본 후에 그는 말했다.
" '길들인다' 라는 게 뭐야?"
"넌 여기 살지 않는구나. 넌 무얼 찾고 있는데?" 여우가 물었다.

"I am looking for men," said the little prince. "What does that mean — 'tame'?"

"Men," said the fox. "They have guns, and they hunt. It is very disturbing. They also raise chickens."

VOCA

gun 총 | hunt 사냥하다 | disturbing 불안감을 주는, 곤란한 | chicken 닭

JEFF의 핵심

1. 전치사의 정의?

-> 앞말과 뒷말과의 관계를 규정하는 말!

I am looking for Jeff. (Jeff를 찾다)

I am looking after Jeff. (Jeff를 돌보다)

I am looking into Jeff. (Jeff를 조사하다, 응시하다)

Translation

"난 사람들을 찾고 있어." 어린 왕자가 말했다.
" '길들인다' 라는 게 뭐야?"
"사람들은 총을 가지고 있고 사냥하지. 그게 참 성가신 일이야! 그들은 닭도 키워."

"These are their only interests. Are you looking for chickens?"

"No," said the little prince. "I am looking for friends. What does that mean — 'tame'?"

"It is an act too often neglected," said the fox. "It means to establish ties."

"'To establish ties'?"

VOCA

neglected 도외시된, 방치된 | establish ties 인연을 맺다

JEFF의 핵심

1. 명사 + p.p.
   ~된/되어진

2. 동사 + to + 동사원형
   ~하기를
   It means to search the Internet.

Translation

"이것들이 그들의 유일한 즐거움이야. 너 닭을 찾고 있니?" 여우가 물었다.
"아니야. 난 친구들을 찾고 있어. 근데 '길들인다'는 게 뭐지?" 어린 왕자가 말했다.
"그건 너무 잘 잊히고 있는 행동이지." 여우가 말했다. "그건 '인연을 맺는다'라는 뜻이야."
"인연을 맺는다고?"

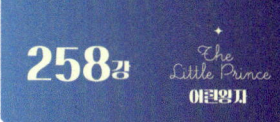

"Just that," said the fox. "To me, you are still nothing more than a little boy who is just like a hundred thousand other little boys. And I have no need of you. And you, on your part, have no need of me. To you, I am nothing more than a fox like a hundred thousand other foxes."

VOCA

nothing more than ~에 지나지 않는 | have no need of 필요로 하지 않다

JEFF의 핵심

1. nothing more than ~   ~에 지나지 않는(=only)

This is nothing more than a stone.

2. 명사 + (who + 동사)

Translation

"바로 그거야." 여우가 말했다.
"나에게 넌 아직 수많은 다른 소년들과 다를 바 없는 한 소년일 뿐이야. 그래서 난 네가 필요하지 않아. 또한 네 입장에서도 난 너에게 필요가 없어. 난 단지 한 마리의 여우일 뿐이니까."

"But if you tame me, then we shall need each other. To me, you will be unique in all the world. To you, I shall be unique in all the world…"

"I am beginning to understand," said the little prince. "There is a flower… I think that she has tamed me…"

VOCA

tame 길들이다 | unique 독특한, 특별한

JEFF의 핵심

1. 콤마를 만나면? (연결이 아닐 경우에) → 쉬어가라!!

2. 동사 + that ~
　　　　　~을/를

I think / that she is beautiful.

Translation

"하지만 네가 나를 길들인다면 우리는 서로가 있어야 하는 거야. 내게 너는 세상에서 하나밖에 없는 존재가 되는 거지. 너에게는 내가 세상에서 하나밖에 없는 여우가 되는 거야." "이제 이해할 수 있을 거 같아." 어린 왕자가 말했다. "꽃이 한 송이 있었는데, 그 꽃이 나를 길들인 거 같아…"

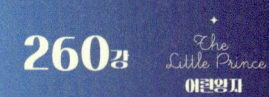

"It is possible," said the fox. "On the Earth one sees all sorts of things." "Oh, but this is not on the Earth!" said the little prince. The fox seemed perplexed, and very curious.

"On another planet?" "Yes."

"Are there hunters on that planet?" "No."

"Ah, that is interesting! Are there chickens?" "No."

"Nothing is perfect," sighed the fox.

But he came back to his idea.

VOCA

all sorts of 모든 종류의 | perplex 당혹하게 하다 | curious 궁금한

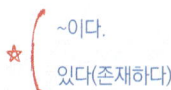

1. be동사의 두 가지 뜻 유의!

☆ ~이다.
있다(존재하다)

2. ~가 있다 -> There is/are ~ .

~가 있니? -> Is/Are there ~ ?

Translation

"그건 가능해." 여우가 말했다. "지구에서는 별의별 것들을 다 볼 수 있으니까..." "아, 아니야! 그건 지구에 있는 게 아냐." 어린 왕자가 말했다. 여우는 몹시 당황해하고 그리고는 궁금해했다. "다른 행성에 있다고?" "그래." "그 행성에는 사냥꾼들이 있니?" "아니, 없어."
"그거 참 재미있네. 그럼, 닭은 있어?" "없어." "완벽한 것은 없구나.."
여우는 한숨을 내쉬었다. 그러나 여우는 자기 이야기를 계속했다.

영문 Audio 듣기

"My life is very monotonous," the fox said. "I hunt chickens;

men hunt me. All the chickens are just alike, and all the men

are just alike. And, in consequence, I am a little bored. But if

you tame me, it will be as if the sun came to shine on my life.

VOCA

monotonous 단조로운 | alike 비슷한 | in consequence 결과적으로 | bored 지루해 하는

JEFF의 핵심

1. 해석에 유의할 것!

as if ..과거동사 마치 ~인 것처럼

He lives as if he were a millionaire.

같은시제 느낌으로 해석! (과거해석X)

Translation

"내 생활은 단조로워. 나는 닭을 사냥하고, 사람들은 나를 사냥하지. 모든 닭은 다 비슷하고 사람들도 모두 비슷해. 그래서, 결과적으로, 난 좀 심심해. 하지만 네가 나를 길들인다면, 태양이 내 삶을 환히 비추게 된 것 같을 거야.

262강 The Little Prince 어린왕자

I shall know the sound of a step that will be different from all the others. Other steps send me hurrying back underneath the ground. Yours will call me, like music, out of my burrow. And then look: you see the grain-fields down yonder?

VOCA

step 걸음 | underneath ~의 아래에 (숨어서) | burrow 굴 | grain-field 곡식 밭 | yonder 저쪽에, 저기 있는

JEFF의 핵심

1. 명사 + (that + 동사)

   I know a man (that is working for Apple.)

2. like ~처럼

Translation

난 다른 발소리와 구별되는 네 발소리를 알게 될 거야. 다른 발소리들은 나를 서둘러 땅 밑으로 기어들어 가게 만들지. 너의 발소리는 나를 굴 밖으로 불러낼 거야! 그리고 저길 봐! 저 아래 밀밭이 보이지?

I do not eat bread. Wheat is of no use to me. The wheat fields have nothing to say to me. And that is sad. But you have hair that is the color of gold. Think how wonderful that will be when you have tamed me!

VOCA

wheat 밀 | of no use 쓸모없는

JEFF의 핵심

1. 명사 + (to + 동사)

2. 간접의문문 구조 파악!

   -) 의문문이 문장 속에 들어가 있음.
   어순은 반드시 '의문사+주어+동사' 어순.!

3. 접속사 앞에서 끊자!

Translation
난 빵은 먹지 않아. 그래서 밀은 내겐 아무 쓸모가 없어. 밀밭은 내게 아무 말도 하지 않아. 그건 슬픈 일이지! 그런데 너는 금빛인 머리칼을 가졌어. 그러니 네가 나를 길들인다면 정말 얼마나 굉장할지 생각해 봐!

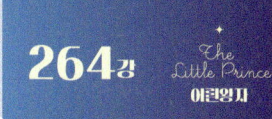

The grain, which is also golden, will bring me back the thought of you. And I shall love to listen to the wind in the wheat..."

The fox gazed at the little prince, for a long time.

"Please — tame me!" he said.

VOCA

bring back ~을 기억나게 하다 | gaze at 쳐다보다, 응시하다

JEFF의 핵심

1. 콤마 콤마 구조는 묶어라!

   (, ,) 부연설명

2. 명사, which + 동사

   The house, which is mine, is expensive.

   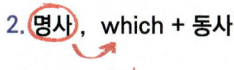

Translation

금빛의 곡식은 나에게 너를 생각나게 할 거야. 그럼 난 밀밭에서 부는 바람 소리를 좋아하게 될 거야."
여우는 어린 왕자를 빤히 쳐다보았다. "제발 나를 길들여 줘!" 그가 말했다.

"I want to, very much," the little prince replied. "But I have not much time. I have friends to discover, and a great many things to understand."

"One only understands the things that one tames," said the fox.

"Men have no more time to understand anything."

VOCA

reply 대답하다 | discover 발견하다

JEFF의 핵심

1. 명사 + (to + 동사)
   ~하는

2. 명사 + (that + S + V)

3. things의 두 가지 뜻?
   - 상황
   - 사물

Translation

"그래, 나도 그러고 싶어." 어린 왕자는 대답했다.
"하지만 내겐 시간이 없어. 난 찾아야 할 친구가 있어. 그리고 알아봐야 할 많은 일들이 있어."
"우린 오직 자신이 길들이는 것만을 알 수 있는 거야. 사람들은 어떤 것도 알 시간조차 없어."
여우가 말했다.

They buy things all ready made at the shops. But there is no shop anywhere where one can buy friendship, and so men have no friends any more. If you want a friend, tame me..."

"What must I do, to tame you?" asked the little prince.

"You must be very patient," replied the fox.

VOCA

friendship 우정 │ patient 참을성 있는

JEFF의 핵심

1. 장소 + (where ~)
   ~하는

   This is the place (where I met her.)

2. 문장 중간 이후의 to + 동사원형의 흔한 해석?

   -〉 ~하기 위해서

Translation

그들은 상점에서 이미 다 만들어진 것들만 사. 그런데 우정을 파는 상점은 없으니까, 사람들은 더 이상 친구가 없는 거지. 네가 친구를 원한다면 나를 길들여 줘."
"널 길들이기 위해 난 무얼 해야 하는 건데?" 어린 왕자가 물었다.
"참을성이 많아야 해." 여우가 대답했다.

"First you will sit down at a little distance from me — like that — in the grass. I shall look at you out of the corner of my eye, and you will say nothing. Words are the source of misunderstandings. But you will sit a little closer to me, every day…"

The next day the little prince came back.

VOCA

out of the corner of one's eye 곁눈질로 | source 근원 | misunderstanding 오해

JEFF의 핵심

1. **전치사 앞 살짝!**

2. **접속사 앞 확!**

3. **콤마 잘 보기!**

이제는 모두 너무나 익숙한 핵심들이죠? 영어는 반복입니다. 반복해서 익히고 익히고 또 익혀야 합니다. 영어가 되는 그날까지 홧팅! ^^

Translation

"처음엔 내게서 좀 떨어져서 이렇게 풀밭에서 앉아 있어. 난 너를 곁눈질로 볼 거야. 넌 아무 말도 하지 않을 거야. 말은 오해의 근원이니까. 매일 매일 넌 조금씩 더 가까이 다가와 앉을 거야." 다음 날 어린 왕자가 돌아왔다.

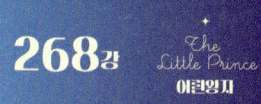

"It would have been better to come back at the same hour," said the fox. "If, for example, you come at four o'clock in the afternoon, then at three o'clock I shall begin to be happy. I shall feel happier and happier as the hour advances. At four o'clock, I shall already be worrying and jumping about."

VOCA

advance 사전의 | worrying 우려되는, 애타는 | jump about 뛰어 돌아다니다

JEFF의 핵심

1. It ~ to …
   가주어   진주어

   It was hard to understand his words.

2. as 앞에서는 무조건 끊어서 가기!

   / as the hour advances~
   ~함에 따라

Translation

"언제나 같은 시각에 돌아오면 더 좋을 거 같아." 여우가 말했다.
"이를테면, 네가 오후 네 시에 온다면 난 세 시부터 행복해지기 시작할 거야. 시간이 지날수록 난 점점 더 행복해질 거야. 네 시에는 이미 안절부절못하고 마구 뛰어다니게 될 거야."

I shall show you how happy I am! But if you come at just any time, I shall never know at what hour my heart is to be ready to greet you... One must observe the proper rites..."

"What is a rite?" asked the little prince.

VOCA

at just any time 아무 때나 | observe 지키다 | proper 적당한 | rite 의식, 관례

JEFF의 핵심

1. '의문사 + 주어 + 동사' 어순을 찾아라!   -> 의문문이 문장 속에 쏘~옥 들어간 구조!

2. 문장 중간 이후의 'to+동사원형'의 흔한 해석?

   -> ~하기 위해서

Translation

난 내가 얼마나 행복한지 네게 보여줄 거야.
그래서 행복이 얼마나 값진 것인가 알게 되겠지! 네가 정해진 시간에 오지 않고 아무 때나 온다면 몇 시부터 너를 맞이할 마음의 준비를 해야 할지를 모를 거야. 사람은 적절한 의식을 지켜야 해."
"의식이란 게 뭐야?" 어린 왕자가 물었다.

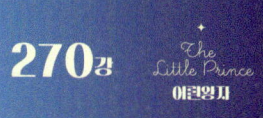

"Those also are actions too often neglected," said the fox.

"They are what make one day different from other days, one hour from other hours. There is a rite, for example, among my hunters. Every Thursday they dance with the village girls.

VOCA

neglected 도외시된 | village 마을

JEFF의 핵심

1. 명사 + p.p.   (~된/되어진)

2. what + 허전한 문장   (~하는 것)

3. 5형식 이해!!

   It make one day.
   It make one day different.   (주술관계)

Translation

"그것 또한 너무 자주 잊히는 행동이지." 여우가 말했다.
"그건 어느 하루를 다른 날들과 다르게 만들고, 어느 한 시간을 다른 시간과 다르게 만드는 거야. 예를 들면 사냥꾼들에게도 의식이란 게 있어. 그들은 매주 목요일이면 마을의 처녀들과 춤을 춰.

So Thursday is a wonderful day for me! I can take a walk as far as the vineyards. But if the hunters danced at just any time, every day would be like every other day, and I should never have any vacation at all."

VOCA

vineyard 포도밭 | hunter 사냥꾼 | vacation 휴가

1. **as far as~**   ~만큼이나 멀리

   As far as we know, it is true.
   ~하는 한

2. **Every day woud be like every other day.**   그날이 그날이나 마찬가지다.
   ~처럼, ~와 같이

Translation

그래서 목요일은 내게 최고의 날이지! 난 멀리 포도밭까지 산보를 갈 수 있지. 사냥꾼들이 아무 때나 춤을 추면, 하루 하루가 모두 똑같아지잖아. 그럼 난 결코 어떠한 휴가도 없게 될 거야."

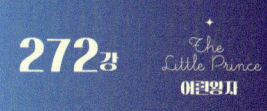

So the little prince tamed the fox. And when the hour of his departure drew near —

"Ah," said the fox, "I shall cry."

"It is your own fault," said the little prince. "I never wished you any sort of harm; but you wanted me to tame you…"

"Yes, that is so," said the fox.

VOCA

tame 길들이다 | departure 출발 | fault 잘못 | harm 피해

JEFF의 핵심

1. draw near 가까워지다.

The summer vacation is drawing near.

2. 5형식 반드시 이해!

You want me.
You want me to tame you.

주술관계

Translation

그래서 어린 왕자는 여우를 길들였다. 떠날 시간이 가까워졌을 때 여우는 말했다.
"아! 난 울 것만 같아."
"그건 네 잘못이야. 나는 너에게 해를 끼치고 싶지 않았어. 하지만 내가 널 길들여 주길 바란 건 너야." 어린 왕자가 말했다.
"그건 그래." 여우가 대답했다.

"But now you are going to cry!" said the little prince.

"Yes, that is so," said the fox.

"Then it has done you no good at all!"

"It has done me good," said the fox, "because of the color of the wheat fields." And then he added:

> VOCA

wheat 밀 | field 밭

1. do good　(~에게)도움이 되다/이롭다

2. do no good　(~에게)아무 도움이 되지 않다

Translation
"하지만 넌 지금 울려고 하잖아!" 어린 왕자가 말했다.
"응. 그래." 여우가 말했다.
"그러면 네게는 아무 도움도 안 된 거잖아!"
"내가 얻은 게 있긴 해. 밀밭의 색깔 때문의 말이야." 여우가 말했다. 잠시 후 그가 다시 말을 이어갔다.

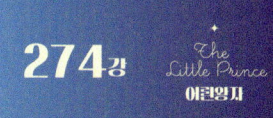

"Go and look again at the roses. You will understand now that yours is unique in all the world. Then come back to say goodbye to me, and I will make you a present of a secret."

The little prince went away, to look again at the roses.

VOCA

unique 특별한 | present 선물 | secret 비밀 | go away (떠나)가다

JEFF의 핵심

1. 동사 + that ~
~을/를

You will understand that I am clever.

2. make + 사람 + 사물
주다

I will make you a present.

Translation
"장미꽃들에 다시 가봐. 너는 너의 장미꽃이 이 세상에 오직 하나뿐이란걸 깨닫게 될 거야. 그리고 내게 작별 인사를 하러 다시 와. 그럼 내가 네게 한 가지 비밀스러운 선물을 하나 해줄게." 어린 왕자는 장미꽃을 보기 위해 떠났다.

"You are not at all like my rose," he said. "As yet you are nothing. No one has tamed you, and you have tamed no one. You are like my fox when I first knew him. He was only a fox like a hundred thousand other foxes.

VOCA

like ~와 비슷한 | as yet 아직까지 | tame 길들이다

1. 문장이 No로 시작되면?

-〉 문장을 부정문으로 해석! (동사를 부정형으로!)

No one can do it.

2. have p.p.

-〉 현재완료 : 과거부터 지금까지 쭉~

Translation

"너희들은 내 장미와 전혀 달라." 어린 왕자가 말했다. "너희들은 아직은 아무것도 아니야."
"아무도 너희들을 길들이지 않았고 너희들도 아무도 길들이지 않았어. 너희들은 내가 여우를 처음 만났을 때와 같아. 그는 수많은 다른 여우들과 똑같은 그저 그런 여우일 뿐이었어.

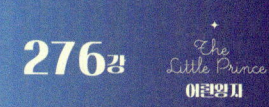

But I have made him my friend, and now he is unique in all the world."

And the roses were very much embarrassed.

"You are beautiful, but you are empty," he went on. "One could not die for you.

VOCA

embarrassed 당황스러운 | empty 비어있는, 빈

JEFF의 핵심

1. 현재완료는 특정한 과거시점 표현과 못 나온다!

I made it yesterday. (O)
I have made it yesterday. (X)

2. 전치사 on -〉 지속, 계속

Translation
하지만 내가 그를 친구로 만들었고, 이제 그는 이 세상에 오직 하나뿐인 여우가 되었어."
그러자 장미꽃들은 매우 당황해했다.
"너희들은 아름다워. 하지만 텅 비어 있지." 그가 계속 말했다.
"누구도 너희들을 위해서 죽을 수 없어."

영문 Audio 듣기

To be sure, an ordinary passerby would think that my rose looked just like you — the rose that belongs to me. But in herself alone she is more important than all the hundreds of you other roses: because it is she that I have watered;

VOCA

ordinary 보통의 | passerby 통행인 | belong to ~에 속하다 | important 중요한

JEFF의 핵심

1. 동사 + (that) ~
   ~을/를

2. 명사 + (that + 동사)

3. It ~ that ···   It ~ that 강조 (It과 that사이 단어를 강조!)

Translation

물론 지나가는 평범한 행인들은 생각하겠지. 나의 꽃이 너희들과 똑같이 생겨 보인다고 말이야. 나에게 속한 그 장미가 말이야. 하지만 나의 장미 한 송이는 다른 장미 수백 송이보다도 더 소중해. 왜냐하면 내가 물을 주어 보살펴 준 장미가 바로 그 장미이기 때문이야.

because it is she that I have sheltered behind the screen;

because it is for her that I have killed the caterpillars (except the two or three that we saved to become butterflies);

VOCA

shelter 쉴 곳을 제공하다 | caterpillar 애벌레 | butterfly 나비

JEFF의 핵심

1. 명사 + (that + S + V)

2. 문장 중간 이후의 to+동사원형의 강력한 해석?

-〉 ~하기 위해서

Translation

왜냐하면 내가 칸막이로 보살펴 온 꽃도 그 꽃이기 때문이지. 그것은 내가 그녀를 위해 애벌레들을 죽여왔기 때문이야 (나비가 되도록 두세 마리를 남겨 둔 것을 제외하고는)

because it is she that I have listened to, when she grumbled, or boasted, or even sometimes when she said nothing. Because she is my rose."

And he went back to meet the fox.

"Goodbye," he said.

"Goodbye," said the fox. "And now here is my secret, a very simple secret:

VOCA

grumble 투덜대다 | boast 자랑하다

JEFF의 핵심

1. 문장 중간 이후의 to+동사원형의 강력한 해석?

-〉 ~하기 위해서

Translation

그녀가 투덜거리거나 자랑할 때, 혹은 아무 말도 하지 않을 때 내가 그녀의 이야기를 들어줬거든…왜냐하면 그녀는 나의 장미이니까…" 그리고 여우를 만나러 다시 돌아왔다.
"안녕." 그가 말했다.
"안녕." 여우가 말했다. "이것이 내 비밀이야. 아주 단순한 비밀이지."

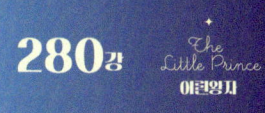

280강 The Little Prince 어린왕자

It is only with the heart that one can see rightly; what is essential is invisible to the eye."

"What is essential is invisible to the eye," the little prince repeated, so that he would be sure to remember.

VOCA

essential 극히 중요한, 본질적인 | invisible 보이지 않는 | repeat 반복하다

JEFF의 핵심

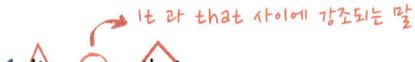

1. It ~ that …

   It と that 사이에 강조되는 말!

   It is yesterday that I met her.
   → 강조되는 말!

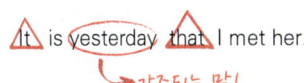
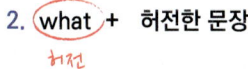

2. what + 허전한 문장
   허전

Translation

"사람이 무언가를 제대로 보려면 반드시 마음으로 봐야해. 정말 중요한 건 눈에는 보이지 않는 법이거든."
"가장 중요한 건 눈에는 보이지 않아."
확실히 잘 기억하기 위해 어린 왕자가 따라 말했다.

"It is the time you have wasted for your rose that makes your

rose so important."

"It is the time I have wasted for my rose — " said the little

prince, so that he would be sure to remember.

VOCA

waste 소비하다, 낭비하다 | important 중요한

JEFF의 핵심

1.

2. 명사(시간) + (S + V)

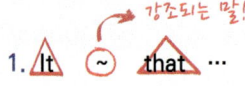

I remember the time (I met you.)

Translation

"너의 장미를 그토록 소중하게 만든 건 바로 그 꽃을 위해 네가 소비한 그 시간이야."
"내가 나의 장미꽃을 위해 소비한 시간이라고…"
확실히 잘 기억하기 위해 어린 왕자가 말했다.

 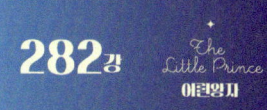

282강 The Little Prince 어린왕자

"Men have forgotten this truth," said the fox. "But you must not forget it. You become responsible, forever, for what you have tamed. You are responsible for your rose..."

"I am responsible for my rose," the little prince repeated, so that he would be sure to remember.

VOCA

forget 잊다 | truth 진리 | responsible 책임있는

JEFF의 핵심

1. (what) + 허전한 문장
   ~하는 것

2. so that ~   하기 위해서~

Translation

"사람들은 이 진리를 잊어버렸어." 여우가 말했다.
"하지만 넌 그것을 잊으면 안 돼. 너는 네가 길들인 것에 대해 영원히 책임을 져야 해. 네가 길들인 장미에 대해 책임이 있어."
"나는 나의 장미에 대해 책임이 있어." 잘 기억하기 위해 어린 왕자는 반복했다.

"Good morning," said the little prince.

"Good morning", said the railway switchman.

"What do you do here?" the little prince asked.

"I sort out travelers, in bundles of a thousand", said the switchman.

VOCA

railway 철로 | switchman (철도의)전철원 | sort out 분류하다 | bundle 묶음, 꾸러미

JEFF의 핵심

1. 현재 시제의 기본적 의미?

-〉 과거, 현재, 미래에 일반적으로 벌어지는 일!
(절대 현재 벌어지고 있는 일이 아님!)

What do you do?

-〉 과거에는 뭐했고, 현재는 뭐하고 있고, 특별한 일이 없는 한 미래에는 뭐하실 건가요?
= 직업이 뭔가요?

What are you doing?   -〉 지금 뭐하고 있는 중인가요?

Translation

"안녕하세요." 어린 왕자가 말했다.
"안녕." 철도원이 말했다.
"여기서 뭘 하고 있어요?" 어린 왕자가 물었다.
"난 천명 단위로 여행자들을 분류한단다." 철도원이 말했다.

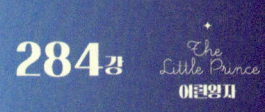

"I send off the trains that carry them: now to the right, now to the left."

And a brilliantly lighted express train shook the switchman's cabin as it rushed by with a roar like thunder.

VOCA

brilliantly 번쩍번쩍하게 | lighted 불이 켜진 | shake 흔들다 | cabin 선실 | rush 돌진하다 | roar 굉음

JEFF의 핵심

1. 명사 + (that + 동사)

2. as + S + V
    ~하면서

Translation

"그들을 운반하는 기차를 오른쪽으로, 어느 때는 왼쪽으로 안내하는 거지."
철도원이 말했다. 그러자 불을 환히 밝힌 급행열차 한 대가 천둥 같은 요란한 소리와 함께 굉음을 내며 조종실을 뒤흔들었다.

"They are in a great hurry," said the little prince. "What are they looking for?"

"Not even the locomotive engineer knows that," said the switchman.

And a second brilliantly lighted express thundered by, in the opposite direction.

"Are they coming back already?" demanded the little prince.

VOCA

in a hurry 서둘러 | locomotive engineer 기관사 | opposite 다른편의

JEFF의 핵심

1.  + 명사

   ~된

   lighted express : 불이 밝혀진 급행열차

2. **thunder** 우르릉 거리며 지나가다

Translation

"저 사람들은 정말 바쁜가 봐요. 그들은 뭘 찾고 있는 거예요?" 어린 왕자가 물었다.
"심지어 기관사도 몰라." 철도원이 말했다.
그러자 반대 방향으로 두 번째 불을 밝힌 급행열차가 천둥소리를 내며 지나갔다.
"그들이 벌써 돌아오는 거예요?" 어린 왕자가 물었다.

"These are not the same ones," said the switchman. "It is an exchange."

"Were they not satisfied where they were?" asked the little prince.

"No one is ever satisfied where he is," said the switchman.

And they heard the roaring thunder of a third brilliantly lighted express.

VOCA

exchange 맞바꿈, 엇갈림 | satisfy 만족시키다

JEFF의 핵심

1. where + S + V
   ~하는 곳에서

2. p.p. + 명사
   ~된/되어진

Translation

"이 사람들은 같은 사람들이 아냐. 두 기차가 서로 엇갈려 가는 거야."
"그들이 있던 곳에 만족하지 못했나 봐요?" 어린 왕자가 물었다.
"아무도 자신이 있는 곳에서 만족하지 못한단다." 전철수가 말했다.
그리고 그들은 세 번째의 불을 밝힌 급행열차가 우렁차게 들어오는 소리를 들었다.

"Are they pursuing the first travelers?" demanded the little prince.

"They are pursuing nothing at all," said the switchman. "They are asleep in there, or if they are not asleep they are yawning. Only the children are flattening their noses against the windowpanes."

VOCA

pursue 뒤쫓다 | yawn 하품하다 | flatten 평평하게 하다 | windowpane 창유리

1. **at all** 전혀

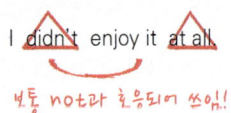

보통 not과 호응되어 쓰임!

Translation
"저 사람들은 첫 번째 여행객들을 쫓아가고 있는 거예요?" 어린 왕자가 물었다.
"그들은 아무도 뒤쫓고 있지 않단다." 전철수가 말했다.
"그들은 저 속에서 잠을 자거나 아니면 하품하고 있어. 오직 어린아이들만이 유리창에 코를 대고 비비고 있을 뿐이란다."

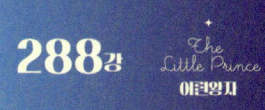

"Only the children know what they are looking for," said the little prince. "They waste their time over a rag doll and it becomes very important to them; and if anybody takes it away from them, they cry..."

"They are lucky," the switchman said.

VOCA

look for 찾다 | rag doll 봉제 인형 | take away 치우다, 없애다

JEFF의 핵심

1. (what) + 허전한 문장

   ~하는 것

   I want to know what you know.

Translation
"오직 어린아이들만이 그들이 무엇을 찾고 있는지를 알고 있군요." 어린 왕자가 말했다.
"아이들은 봉제 인형을 가지고 놀면서 시간을 보내죠. 그건 그들에겐 아주 중요해요. 그래서 누군가가 그것을 빼앗아 가면 어린아이들은 울어 버리죠."
"아이들은 운이 좋아." 철도원이 말했다.

"Good morning," said the little prince.

"Good morning," said the merchant.

This was a merchant who sold pills that had been invented to quench thirst. You need only swallow one pill a week, and you would feel no need of anything to drink.

VOCA

merchant 상인 | pill 알약 | quench (갈증을) 풀다 | swallow 삼키다

JEFF의 핵심

1. 명사 + who + 동사

2. 명사 + that + 동사

3. 명사 + to + 동사

4. 과거완료수동

+ had P.P. (과거완료)
  be P.P. (수동)
  had been P.P. (과거완료수동)

Translation

"안녕하세요." 어린 왕자가 말했다.
"안녕." 장사꾼이 말했다.
그는 갈증을 해소하는 새로 발명된 알약을 파는 사람이었다. 일주일에 한 알씩만 먹으면 어떤 것을 마시고 싶을 필요성을 느끼지 못하게 되는 것이었다.

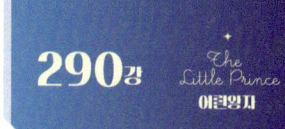

"Why are you selling those?" asked the little prince.

"Because they save a tremendous amount of time," said the merchant. "Computations have been made by experts. With these pills, you save fifty-three minutes in every week."

VOCA

tremendous 엄청난, 굉장한 | computation 계산 | expert 전문가

JEFF의 핵심

1. have + p.p. ~ 한 적이 있다
   be + p.p. ~되다

   have been p.p. ~되어진 적이 있다

   This car has been used by JEFF.

2. 〈문두〉 전치사 ~ / ① S + V

Translation

"왜 그걸 팔고 있어요?" 어린 왕자가 말했다.
"그 약이 굉장히 시간을 절약해 주거든. 전문가들에 의해 계산이 된 적이 있어. 이 약이 있으면, 일주일에 53분씩 절약할 수 있어." 장사꾼이 말했다.

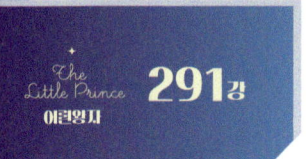

"And what do I do with those fifty-three minutes?"

"Anything you like..."

"As for me," said the little prince to himself, "if I had fifty-three minutes to spend as I liked, I should walk at my leisure toward a spring of fresh water."

VOCA

spend 시간을 보내다 | at leisure 한가하게 | spring 샘 | fresh 신선한

JEFF의 핵심

1. 명사 + (S + V)

   Tell me anything (you need)

2. 가정법 해석 유의!

   If ~ 과거동사, should
   → 현재 or 미래적 느낌으로 해석!

   If I had a nice car, I should drive like Jeff.
   가진다면

Translation

"그럼 그 53분으로 무얼 하지?" "하고 싶은 거 아무거나 할 수 있지."
"나라면…" 어린 왕자가 혼잣말로 말했다. '만약 내게 마음대로 사용할 수 있는 53분이 있다면 맑은 샘물이 있는 곳으로 걸어갈 텐데.'

 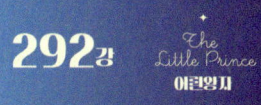

It was now the eighth day since I had had my accident in the desert, and I had listened to the story of the merchant as I was drinking the last drop of my water supply.

"Ah," I said to the little prince, "these memories of yours are very charming; but I have not yet succeeded in repairing my plane;

VOCA

desert 사막 | supply 공급 | charming 매력적인, 멋진 | repair 수리하다

JEFF의 핵심

1. 접속사 개념 앞에서 확! 끊기!

2. succeed /in/ ~ /ing/ : 하는 데 성공하다

Translation

사막에서 비행기가 고장을 일으킨 지 8일째 되는 날이었다. 그날 나는 가지고 있던 물의 마지막 남은 한 방울을 마시면서 장사꾼에 대한 이야기를 들었다.
"아" 나는 어린 왕자에게 말했다. "네 기억들은 참으로 멋지구나. 하지만 난 아직도 비행기를 수리하는 것에 성공하지 못했어.

I have nothing more to drink; and I, too, should be very happy if I could walk at my leisure toward a spring of fresh water!"

"My friend the fox — " the little prince said to me.

"My dear little man, this is no longer a matter that has anything to do with the fox!"

VOCA

at leisure 한가롭게 | spring 샘 | no longer 이미 ~이 아니다 | to do with ~와 관계 있는

JEFF의 핵심

1. 명사 + (to + 동사)

I have nothing to read.

2. 가정법 해석 유의!

should ~ / if .. 과거동사
현재 or 미래적 느낌으로 해석!

I should be very happy / if I could wash my face.
매우 행복할텐데 / 세수한다면

3. 명사 + (that + 동사)

Translation

난 더 이상 마실 물이 없어. 맑은 물이 있는 샘을 향해 한가로이 걸어갈 수만 있다면 나도 정말 행복하겠다!"
"내 친구 여우는……." 어린왕자가 나에게 말했다.
"꼬마 친구야. 이건 여우와 상관있는 문제가 아냐."

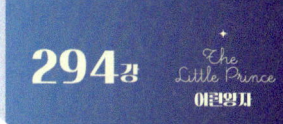

"Why not?"

"Because I am about to die of thirst..."

He did not follow my reasoning, and he answered me:

"It is a good thing to have had a friend, even if one is about to die. I, for instance, am very glad to have had a fox as a friend..."

VOCA

die of ~로 죽다 | follow one's reasoning 이해하다 | for instance 예를 들어

JEFF의 핵심

1. be about to + 동사원형
  -〉 막 ~하려고 하다

2. It ~ to ….

3. 형용사 + to + 동사원형
  ~해서

  I am very happy / to have a smartphono.

Translation

"왜 아닌데?"
"왜냐하면 난 이제 목이 말라 죽을 지경이거든." 그는 내 말을 이해하지 못하고 엉뚱한 대답만 했다.
"누군가 죽어간다고 할지라도 친구를 가지고 있었다는 건 정말 좋은 일이야. 난, 예를 들어, 여우랑 친구가 된 게 너무 기뻐."

"He has no way of guessing the danger," I said to myself. "He has never been either hungry or thirsty. A little sunshine is all he needs…"

But he looked at me steadily, and replied to my thought:

"I am thirsty, too. Let us look for a well…"

VOCA

no way of ~할 길이 없다 | sunshine 햇빛 | look steadily ~을 응시하다 | well 우물

JEFF의 핵심

1. have p.p. ~한 적이 있다(경험)

2. either A or B A 혹은 B 둘 중 하나

Translation

"이 아이는 위험에 대해서는 전혀 생각을 못 하는군." 나는 혼잣말했다. "그는 배고픔이나 갈증 같은 걸 겪어본 적이 없어. 약간의 햇빛만이 그가 필요한 전부야."
그런데 그가 나를 물끄러미 바라보더니 내 생각에 응답했다.
"나도 목이 말라. 우물을 같이 찾아보자."

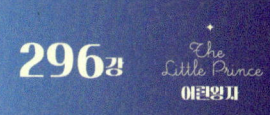

I made a gesture of weariness. It is absurd to look for a well, at random, in the immensity of the desert. But nevertheless we started walking.

When we had trudged along for several hours, in silence, the darkness fell, and the stars began to come out.

VOCA

weariness 피곤함 | absurd 터무니 없는 | immensity 방대함 | nevertheless ~에도 불구하고, 그런데도
trudge (along) 터벅터벅 걷다 | in silence 조용히 | darkness falls 어두워지다

JEFF의 핵심

1. 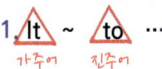 ~  …
   가주어   진주어

  It is absurd to go there.

  It is nice to study English.

Translation
나는 지쳤다는 몸짓을 했다. 광대한 사막 한가운데에서 무턱대고 우물을 찾아 나선다는 건 터무니 없는 일이었기 때문이다. 그런데도 우리는 걷기 시작했다.
몇 시간 동안을 말없이 터벅터벅 걷다 보니 밤이 되어 별들이 나오기 시작했다.

Thirst had made me a little feverish, and I looked at them as if I were in a dream. The little prince's last words came reeling back into my memory:

"Then you are thirsty, too?" I demanded.

But he did not reply to my question. He merely said to me:

"Water may also be good for the heart…"

VOCA

feverish 열이 나는 | as if ~인 것처럼 | reel 비틀거리다, (실, 전선, 필름을 감는) 릴 | merely 단지

1. 동사 ~ as if 과거동사
   (과거로 해석 X)

   시제 같게 해석!
   He looks / as if he were a rich guy.
   과거 해석 X
   (그는 부자인 것처럼 보여.)

Translation

갈증은 나를 조금 열이 나게(흥분하게) 했다. 그리고 나는 마치 꿈속에서처럼 별들을 바라보았다. 어린 왕자의 마지막 말이 내 기억 속에 흐릿하게 떠올랐다.
"너도 목이 마르니?" 내가 물었다. 하지만 그는 내 질문에 대답하지 않고 단지 이렇게 말했다.
"물은 마음에도 좋은 것일 거야…"

I did not understand this answer, but I said nothing. I knew very well that it was impossible to cross-examine him. He was tired.

He sat down. I sat down beside him. And, after a little silence, he spoke again:

VOCA

cross-examine 상세하게 질문하다 | beside 옆에

JEFF의 핵심

1. 동사 + that ~
   ~을/를

   I know that I am handsome.
   ~을/를

2. It ~ to …

   It is impossible to go there. without you.

Translation
나는 그의 대답을 이해하지 못했으나 아무것도 말하지 않았다. 그에게 되묻는 것이 불가능하다는 것을 나는 알고 있었기 때문이다.
그는 피곤했다. 그는 앉아 있었다. 나도 그의 곁에 앉았다. 그러자 잠시 말이 없다가 그가 다시 말하기 시작했다.

"The stars are beautiful, because of a flower that cannot be seen."

I replied, "Yes, that is so." And, without saying anything more, I looked across the ridges of sand that were stretched out before us in the moonlight.

VOCA

ridge 산등성이 | stretch out 펼쳐 있다 | moonlight 달빛

JEFF의 핵심

1. 명사 + (that + 동사)

2. 콤마를 만나면? -> 반드시 끊어가라!

Translation

"별들은 아름다워. 보이지 않는 꽃 한 송이 때문에 말이야."
나는 대답했다. "그렇지." 그리고는 더 이상 아무 말도 하지 않고 달빛 아래 우리 앞에 펼쳐져 있는 모래 언덕들을 바라보았다.

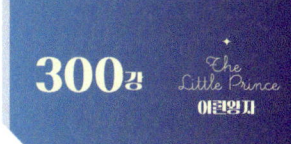

"The desert is beautiful," the little prince added.

And that was true. I have always loved the desert. One sits down on a desert sand dune, sees nothing, hears nothing. Yet through the silence something throbs, and gleams...

VOCA

dune 모래언덕, 사구 | throbs 고동치다, 울리다 | gleam 어슴푸레 빛나다

JEFF의 핵심

1. 현재완료의 가장 기본적 의미?
  −〉과거부터 지금까지 쭉~

2. '전치사 + 명사' 덩어리를 볼 줄 알아야 한다!

  Yet (at that time) Jeff was angry.
       전치사   명사

Translation

"사막은 아름다워." 어린 왕자가 덧붙여 말했다.
그것은 사실이었다. 나는 항상 사막을 사랑해 왔다. 사막에서는 모래 언덕 위에 앉으면 아무것도 보이지 않고 아무것도 들리지 않는다. 그러나 침묵 속에 뭔가가 고동치고, 반짝거린다.

"What makes the desert beautiful," said the little prince, "is that somewhere it hides a well…"

I was astonished by a sudden understanding of that mysterious radiation of the sands.

VOCA

astonishe 깜짝 놀라게 하다 | mysterious 설명하기 힘든, 신비한 | radiation 방출

JEFF의 핵심

1. What + 허전한 문장
   ~하는 것

2. ~ be that … ~는 that 이하이다

   What makes you beautiful is that you are so kind to me.
   ~하는 것   that 이하이다

3. 전치사 앞 살짝 끊기!

Translation

"사막을 아름답게 만드는 것은," 어린 왕자가 말했다.
"사막이 어딘가에 우물을 숨기고 있기 때문이야."
나는 그 신비로운 사막의 빛남이 무엇인가를 갑자기 깨닫고 깜짝 놀랐다.

When I was a little boy I lived in an old house, and legend told us that a treasure was buried there. To be sure, no one had ever known how to find it; perhaps no one had ever even looked for it.

VOCA

legend 전설 | treasure 보물 | bury 묻다

JEFF의 핵심

1. 동사 + (that) ~
   ~을/를

2. 각각의 단어가 아닌 덩어리로 암기!

   To be sure : 물론

Translation
어린 시절, 나는 낡은 집에서 살았다, 전설에 따르면 거기에 보물이 숨겨져 있다고 했다. 물론 그 보물을 찾는 방법을 아무도 몰랐다. 아마 그것을 찾으려 든 사람도 전혀 없었을 것이다.

영문 Audio 듣기

But it cast an enchantment over that house. My home was

hiding a secret in the depths of its heart...

"Yes," I said to the little prince. "The house, the stars, the desert

— what gives them their beauty is something that is invisible!"

VOCA

cast 던지다, (빛을) 발하다 | enchantment 황홀감, 마법에 걸린 상태 | in the depths of ~ 깊은 곳에
invisible 보이지 않는

JEFF의 핵심

1. 덩어리로 암기해두자!
   In the depths of its heart
   마음 깊숙한 곳에

2. What + 허전한 문장
   ~하는 것

3. 명사 + (that + 동사)

Translation

그러나 그 전설은 그 집에 마법을 걸었다. 내 집은 마음 깊숙한 곳에 보물을 감추고 있었다.
"그래." 나는 어린 왕자에게 말했다. "집이건 별이건 사막이건… 진정 그것들을 아름답게 만드는 건 눈에 보이지 않는 것이지…"

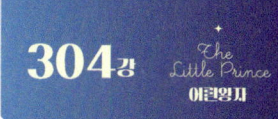

"I am glad," he said, "that you agree with my fox."

As the little prince dropped off to sleep, I took him in my arms and set out walking once more. I felt deeply moved, and stirred. It seemed to me that I was carrying a very fragile treasure. It seemed to me, even, that there was nothing more fragile on all Earth.

VOCA

glad 기쁜 | drop off 깜빡 잠이 들다 | move 가슴이 뭉클해지게 하다 | stir 감정을 불러일으키다
fragile 부서지기 쉬운

JEFF의 핵심

1. 덩어리로 암기!
drop off to sleep 잠들다

2.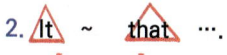

Translation

"나는 기뻐. 아저씨가 나의 여우와 같은 의견이어서." 어린 왕자가 말했다.
어린 왕자가 잠이 들자 나는 그를 팔에 안고 다시 한번 걷기 시작했다. 나는 뭉클하고 감동받았다. 마치 내가 부서지기 쉬운 어떤 보물을 안고 가는 듯했다. 지구상에 이보다 더 연약한 존재는 없는 듯했다.

In the moonlight I looked at his pale forehead, his closed eyes,

his locks of hair that trembled in the wind, and I said to myself:

"What I see here is nothing but a shell. What is most important

is invisible…" As his lips opened slightly with the suspicion of a

half-smile, I said to myself, again:

VOCA

pale 창백한 | forehead 이마 | tremble 떨리다 | shell 껍데기 | suspicion 의혹

JEFF의 핵심

1. 덩어리로 암기!
   locks of hair : 머리카락

2. 명사 + that + 동사

3. nothing but : 단지

Translation
달빛 아래에서 나는 그의 창백한 이마, 감은 눈, 바람결에 나부끼는 머리카락을 바라보며 생각했다. "여기 보이는 건 단지 껍질뿐이야. 진정 중요한 건 눈에 보이지 않아."
희미한 미소를 띤 채 그의 입술이 살짝 열렸을 때, 나는 또 생각했다.

"What moves me so deeply, about this little prince who is sleeping here, is his loyalty to a flower — the image of a rose that shines through his whole being like the flame of a lamp, even when he is asleep..."

VOCA

loyalty 충성심(깊은 애정) | shine 빛나다 | flame 불길, 불꽃

JEFF의 핵심

1. What + 허전한 문장
   ~하는 것

2. 명사(사람) + who + 동사
   This is the person who was in Gaepo-dong Station.

3. 명사 + that + 동사

Translation

"이곳에서 잠들어 있는 어린 왕자가 나를 이토록 감동시키는 건 장미꽃 한 송이에 대한 그의 깊은 애정 때문이야. 그가 잠들어 있는 순간조차도 램프의 불꽃처럼 이 존재를 환히 비추고 있는 장미 한 송이의 이미지 말이야."

And I felt him to be more fragile still. I felt the need of protecting

him, as if he himself were a flame that might be extinguished by

a little puff of wind...

And, as I walked on so, I found the well, at daybreak.

VOCA

fragile 깨지기 쉬운 | protect 보호하다 | extinguish 끄다 | puff of wind 한번 휙 부는 바람(미풍)

daybreak 동틀 녘, 새벽

JEFF의 핵심

1. 동사 ⋯ as if + 과거동사

He talks / as if he were a detective.
   ~인 것 처럼   과거해석X

2. 명사 + (that + 동사)

Translation

그리고 나는 그가 더욱더 약해진 걸 느꼈어. 한 줄기 바람에도 쉽게 꺼질 수 있는 램프의 불꽃과 같아서 그를 잘 보호해 주어야겠다는 생각이 들었다. 그리하여 나는 계속 걸었고 동틀 무렵 우물을 발견했다.

"Men," said the little prince, "set out on their way in express trains, but they do not know what they are looking for. Then they rush about, and get excited, and turn round and round..."

And he added:

"It is not worth the trouble..."

VOCA

express train 급행열차 | rush about 바쁘게 움직이다 | round and round 빙글빙글

JEFF의 핵심

1. **What** + 허전한 문장
   ~하는 것

2. **It is worth +** 명사   명사의 가치가 있다

   It is worth nothing. (그것은 무가치하다.)
   아무것도 아니다

Translation

"사람들은 말이야…" 어린 왕자가 말했다. "급행열차에 타고 길을 떠나지만, 그들이 무얼 찾으러 가는 지 몰라. 그래서 그들은 급히 움직이고 흥분하면서 같은 곳을 빙빙 돌기만 하지."
그리고 그는 다시 말을 이었다.
"쓸데없는 짓이야."

The well that we had come to was not like the wells of the

Sahara. The wells of the Sahara are mere holes dug in the sand.

This one was like a well in a village. But there was no village

here, and I thought I must be dreaming...

VOCA

well 우물 | mere 단지 | village 마을

1. 명사 + (that + S + V)

2. 명사 + p.p.
   ~된/~되어진

3. must는 두 가지 뜻!!

   He must study hard.
   ~해야 한다
   He must be crazy.
   ~임에 틀림없다

Translation
우리가 도착한 우물은 사하라 사막의 우물과 달랐다. 사하라의 우물은 그저 모래에 파놓은 구멍 같은 것이었다. 그 우물은 마을 우물 같았다. 하지만, 그곳엔 마을이 없었다. 그래서 나는 꿈을 꾸고 있는 건 아닌가 생각했다.

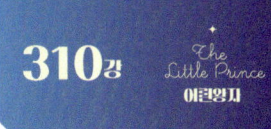

310강 The Little Prince 어린왕자

"It is strange," I said to the little prince. "Everything is ready for use: the pulley, the bucket, the rope…" He laughed, touched the rope, and set the pulley to working. And the pulley moaned, like an old weathervane which the wind had long since forgotten.

VOCA

pulley 도르래 | bucket 양동이 | moan 삐걱이는 소리를 내다, 신음하다 | weathervane 풍향계

JEFF의 핵심

1. set + 명사 + to working   명사를 작동시키다

2. like는 두 가지 뜻!
   - 좋아하다
   - ~처럼 ☆

3. 명사 + (which + S + V)

Translation

"이상하군."내가 어린 왕자에게 말했다.
"모든 것이 준비되어 있어. 도르래. 물통, 밧줄까지 말이야." 그는 웃으며 밧줄을 잡고 도르래를 작동시켜 보았다. 그러자 도르래는 바람이 오랫동안 불지 않아 풍향계가 삐걱거리듯 그렇게 삐걱거리는 소리를 냈다.

"Do you hear?" said the little prince. "We have wakened the well, and it is singing..."

I did not want him to tire himself with the rope.

"Leave it to me," I said. "It is too heavy for you."

> **VOCA**
>
> waken 잠에서 깨다, 깨우다 | tire 피곤하게 하다

1. 5형식 정복! -> 5형식의 핵심은 뒤에 나오는 주술관계를 보는 것!

I didn't want him.

I didn't want him to tire himself.
(주술관계)

Translation

"들려?" 어린 왕자가 말했다. "우리가 이 우물을 깨웠어, 그래서 노래하고 있잖아." 나는 어린 왕자가 로프를 당기느라 힘들어하는 걸 보고 싶지 않았다.
"내게 맡겨." 내가 말했다. "너에겐 너무 무거워."

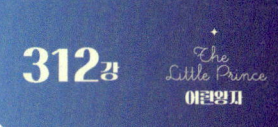

I hoisted the bucket slowly to the edge of the well and set it there — happy, tired as I was, over my achievement. The song of the pulley was still in my ears, and I could see the sunlight shimmer in the still trembling water.

VOCA

hoist 들어올리다 | edge 가장자리 | achievement 성취 | shimmer 어른거리다, 희미하게 빛나다 | tremble 흔들리다, 떨다

JEFF의 핵심

1. as는 뜻이 매우 다양함에 주목!

형용사 + as + S + V
비록 ~ 했지만

2. 5형식 정복!

I could see Jeff.
I could see Jeff run.
주술관계

Translation
나는 물통을 우물 끝까지 천천히 들어 올려 우물가에 올려놓았다. 비록 피곤했지만, 해낸 것이 기뻤다. 내 귀에는 도르래의 노랫소리가 아직도 생생했고, 그리고 아직도 출렁이고 있는 물속에서 햇살이 희미하게 빛나는 게 보였다.

"I am thirsty for this water," said the little prince. "Give me some of it to drink…"

And I understood what he had been looking for.

I raised the bucket to his lips. He drank, his eyes closed. It was as sweet as some special festival treat. This water was indeed a different thing from ordinary nourishment.

VOCA

bucket 양동이 | festival 축제 | nourishment 음식물

JEFF의 핵심

1.
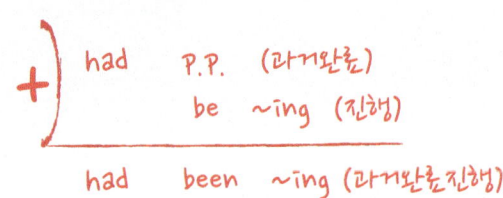

I understood / what he had been looking for.

2. as ~ as …. … 만큼 ~한
She is as clever as she is gorgeous.

Translation

"난 이 물을 마시고 싶어." 어린 왕자가 말했다. "마실 물을 좀 줘……."
그러자 나는 그가 무엇을 찾고 있었는지 알게 되었다.
나는 물통을 들어 그의 입술로 가져갔다. 그는 눈을 감고 물을 마셨다. 특별한 축제의 만찬처럼 맛이 좋았다.
그 물은 분명 보통 먹는 음식과는 다른 것이었다.

Its sweetness was born of the walk under the stars, the song of the pulley, the effort of my arms. It was good for the heart, like a present. When I was a little boy, the lights of the Christmas tree, the music of the Midnight Mass, the tenderness of smiling faces, used to make up, so, the radiance of the gifts I received.

VOCA

Midnight Mass 자정미사 | tenderness 다정함, 친절, 유연함 | radiance 빛

JEFF의 핵심

1. 문장이 매우 길면 _____동사_____를 찾을 수 있어야 한다!

2. **used to + 동사원형** ~(하곤) 했다.(지금은 그렇지 않다.)

   I used to be fat. -> 지금은 fat 하지 않음.

3. 명사 + (S + V)

Translation

그 달콤함은 별빛 아래서의 걷기, 도르래의 노랫소리, 그리고 내 두 팔의 노력으로 생겨난 것이었다. 그것은 마치 선물처럼 마음에 들었다. 내가 어린 소년이었을 때는 크리스마스트리의 불빛과 자정미사의 음악과 웃는 얼굴의 부드러움이 내가 받은 선물에 환한 빛을 만들어 내곤 했다.

영문 Audio 듣기

"The men where you live," said the little prince, "raise five thousand roses in the same garden — and they do not find in it what they are looking for."

"They do not find it," I replied.

"And yet what they are looking for could be found in one single rose, or in a little water."

VOCA

raise 기르다 | look for 찾다 | reply 대답하다

JEFF의 핵심

1. what + 허전한 문장
   ~하는 것

2. + 조동사 + 동사원형 (조동사)
       be + P.P (수동태)
   ─────────────────────
       조동사 be + P.P (조동사의 수동태)

Your car could be towed. (너의 차는 견인될 수 있다.)

Translation

"아저씨가 사는 곳의 사람들은" 어린 왕자가 말했다. "같은 정원 안에 장미꽃을 5천 송이나 가꾸고 있지만, 그들이 찾고자 하는 걸 거기서 발견하지 못해."
"그래. 찾지 못하지." 내가 대답했다.
"그렇지만 그들이 찾고자 하는 것은 한 송이의 장미꽃이나 물 모금에서 발견될 수도 있는 거야."

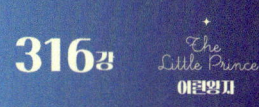

"Yes, that is true," I said.

And the little prince added:

"But the eyes are blind. One must look with the heart…"

I had drunk the water. I breathed easily. At sunrise the sand is the color of honey. And that honey color was making me happy, too. What brought me, then, this sense of grief?

VOCA

blind 눈이 먼 | breathe 호흡하다 | grief 슬픔

JEFF의 핵심

1. 의문사가 주어인 의문문 어순? -> 의문사 + 동사 ~ ?

의문사 뒤에 바로 동사 쓸 것!

What happened? -> 무슨 일이 발생했어?

What brought you here?
-> 무엇이 너를 여기로 데리고 왔니? (=왜 왔니?)

Translation

"그래 맞아." 내가 대답했다. 그러자 어린 왕자가 덧붙였다.
"하지만 눈으로는 보지 못해. 마음으로 찾아야만 해."
나도 물을 마셨다. 그래서 편히 숨을 쉴 수가 있었다. 해가 뜨면 모래는 꿀 빛을 띠었다. 그 꿀 빛깔은 나를 행복하게 해 주었다. 그렇다면 무엇이 나에게 이런 슬픔을 안겨준 거지?"

"You must keep your promise," said the little prince, softly, as he sat down beside me once more.

"What promise?"

"You know — a muzzle for my sheep... I am responsible for this flower..."

VOCA

softly 부드럽게 | muzzle 입마개 | responsible 책임이 있는

1. 덩어리로 암기! (한단어로 인식!)

be responsible for ~   ~에 책임이 있다.

Translation

"너는(아저씨는) 약속을 지켜야 해." 어린 왕자가 내 옆에 다가와 앉으면서 부드럽게 말했다.
"무슨 약속 말이니?"
"알잖아. 양을 위한 입마개 말이야. 나는 이 꽃에 책임이 있어…"

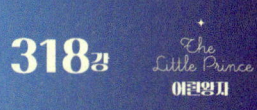

I took my rough drafts of drawings out of my pocket. The little prince looked them over, and laughed as he said:

"Your baobabs — they look a little like cabbages."

"Oh!"

I had been so proud of my baobabs!

"Your fox — his ears look a little like horns; and they are too long."

And he laughed again.

VOCA

rough draft 초안 | cabbage 양배추 | horn 뿔

JEFF의 핵심

1. 접속사 앞에서 확! 끊자!

2. had + p.p. → 과거보다 더 이전의 일을 나타낼 때!
   과거완료

Translation

나는 호주머니에서 스케치 한 것(초안)을 한 것을 꺼냈다. 어린 왕자는 그림들을 살펴보고는 웃으며 말했다.
"아저씨 바오밥나무들은 양배추 같이 보여……" "오! 저런!"
나는 바오밥나무에 대해 자랑스러워 했었다.
"여우는 귀가 뿔처럼 보이고, 너무 긴 거 같아." 그리고는 또 웃었다.

"You are not fair, little prince," I said. "I don't know how to draw anything except boa constrictors from the outside and boa constrictors from the inside."

"Oh, that will be all right," he said, "children understand."

So then I made a pencil sketch of a muzzle. And as I gave it to him my heart was torn.

VOCA

boa constrictor 보아뱀 | sketch 스케치 | muzzle 입마개 | torn (tear의 p.p.) 찢어진

JEFF의 핵심

1. 결국엔 영어의 다양한 표현에 익숙해 지는 것!

   How to + 동사원형   ~하는 방법

   Except ~   ~을 제외하고는

   My heart was torn.   마음이 아팠다.

Translation

"그건 너무하구나." 나는 말했다. "나는 보아뱀 바깥쪽과 안쪽밖에 못 그린다니까…."
"아, 괜찮아." 그가 말했다. "아이들은 다 이해할 수 있으니까."
나는 그래서 연필로 입마개를 그려주었다. 그걸 어린 왕자에게 주면서 가슴이 무척 아팠다.

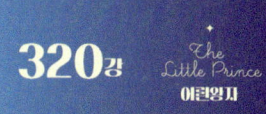

"You have plans that I do not know about," I said.

But he did not answer me. He said to me, instead:

"You know — my descent to the earth... Tomorrow will be its anniversary."

Then, after a silence, he went on:

"I came down very near here."

And he flushed.

VOCA

descent 내려오기, 하강 | **anniversary** 기념일 | **flush** (얼굴이) 붉어지다

JEFF의 핵심

1. 명사 + (that + S + V)

You have a house (that I want to live.) (X)

You have a house (that I want to live in.) (O)

↳ 꼭 필요! 수식받는 명사를 먼 뒤로 써 볼것!

* 전치사에 눈 뜨면 영어 고수가 됩니다! ^^ 그날까지 홧팅!

Translation

"나는 알지 못하는 계획을 하고 있구나." 나는 말했다. 그러나 그는 그 말에는 대답하지 않았다. 대신 이렇게 말했다. "있잖아. 내가 지구에 내려온 지 내일이면 1주년이 돼." 그리고는 잠시 조용히 있다가 그가 다시 말을 계속했다. "바로 여기서 가까운 곳에 떨어졌었어." 그는 얼굴을 붉혔다.

And once again, without understanding why, I had a queer sense of sorrow. One question, however, occurred to me:

"Then it was not by chance that on the morning when I first met you — a week ago — you were strolling along like that, all alone, a thousand miles from any inhabited region?

VOCA

queer 기묘한 | sorrow 슬픔 | occur 일어나다 | stroll 산책하다, 거닐다

JEFF의 핵심

1. It ~ that …

It was by chance that I met you.
우연이었다

2. (, ,) 콤마 콤마 구조는 묶어라!
부연설명

Translation

그러자 이유를 알 수 없는 묘한 슬픈 감정을 느꼈다.
하지만, 한 가지 질문이 떠올랐다.
"그럼 일주일 전에 내가 너를 만난 그날 아침에 사람들이 사는 지역에서 1,000마일 떨어진 지역에서 네가 혼자서 어슬렁거리던 게 우연이 아니었구나."

You were on your way back to the place where you had landed?"

The little prince flushed again.

And I added, with some hesitancy:

"Perhaps it was because of the anniversary?"

The little prince flushed once more. He never answered questions — but when one flushes does that not mean "Yes"?

VOCA

flush 얼굴을 붉히다 | hesitancy 망설임

JEFF의 핵심

1. 장소 + (where …)
   ~하는
   I went to the place (where we met.)

Translation

"너는 네가 살던 곳으로 되돌아가는 길이었니?" 어린 왕자는 또다시 얼굴을 붉혔다.
그리고 나는 잠시 머뭇거리며 말을 이었다.
"아마 1주년이었기 때문이었니?" 어린 왕자는 또 얼굴을 붉혔다.
그는 묻는 말에 결코 대답한 적이 없었다. 하지만, 사람이 얼굴을 붉힐 때는 그렇다는 뜻이 아닐까?

영문 Audio 듣기

"Ah," I said to him, "I am a little frightened — "

But he interrupted me.

"Now you must work. You must return to your engine. I will be waiting for you here. Come back tomorrow evening…"

But I was not reassured. I remembered the fox. One runs the risk of weeping a little, if one lets himself be tamed…

VOCA

interrupt 방해하다 | reassure 안심시키다 | weep 울다

JEFF의 핵심

1. It 미래 진행의 이해!

   will + 동사원형 (미래)
   be + ~ing (진행)
   will be + ~ing (미래진행)

   I will wait for you. 나는 너를 기다리겠다.
   I will be waiting for you. 나는 너를 기다리고 있는 중일 거야.

2. run the risk of ~ing ~할 위험을 무릅쓰다

Translation

"아!" 나는 그에게 말했다. "난 좀 두려워." 그런데 그는 내 말을 가로막았다. "아저씨는 이제 일을 해야 해. 아저씨 엔진으로 돌아가야 해. 난 여기서 아저씨를 기다리고 있을게. 내일 저녁에 돌아와 줘." 하지만 나는 마음이 놓이지 않았다. 여우 생각이 났다. 누군가에게 길들게 되면, 사람은 울 수도 있는 위험을 감수해야 한다.

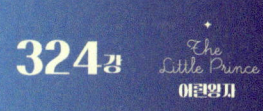

324강 The Little Prince 어린왕자

Beside the well there was the ruin of an old stone wall. When I came back from my work, the next evening, I saw from some distance away my little prince sitting on top of a wall, with his feet dangling. And I heard him say:

"Then you don't remember. This is not the exact spot."

Another voice must have answered him, for he replied to it:

VOCA

ruin 잔해, 폐허 | dangle 매달리다 | spot (특정한) 곳[장소/자리]

JEFF의 핵심

1. 명사 + ~ing

2. with + 목적어 + ~ing
   ~인채로

3. 5형식 이해!
   I heard him.
   I heard him say.
   주술관계

4. must have p.p. → ~이었음에 틀림없다
   과거

Translation
우물가에는 오래된 돌담의 잔해가 있었다. 그다음 날 저녁, 내가 일을 마치고 돌아왔을 때 멀리서부터 어린 왕자가 우물 위에 앉아서 다리를 늘어뜨리고 있는 것을 보았다. 그리고 그가 말하는 것을 들었다.
"넌 기억을 못 하잖아. 이곳은 정확한 지점이 아니야."
그가 다시 대답했기 때문에 다른 목소리가 대답한 것이 틀림없었다.

영문 Audio 듣기

"Yes, yes! It is the right day, but this is not the place."

I continued my walk toward the wall. At no time did I see or hear anyone. The little prince, however, replied once again:

" — Exactly. You will see where my track begins, in the sand.

VOCA

continue 계속하다 | toward ~쪽으로, ~을 향해 | track 발자국

JEFF의 핵심

1. at no time 한번도 ~ 하지 않다

* 부정어가 문두로 나가면 !!!
  주어 + 동사 → 동사 + 주어

At no time did I give you a present.
                V S
                도치

Translation

"그래, 그래. 날짜는 맞지만, 장소가 여기가 아니야."
나는 돌담 쪽으로 계속 걸어갔다. 아무것도 보이지도 아무것도 들리지 않았다. 그런데도 어린 왕자는 다시 대꾸하고 있었다.
"확실해. 넌 모래 위에서 내 발자국이 어디서 시작한 지를 보게 될 거야."

 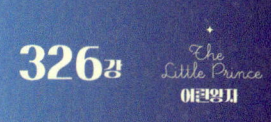

You have nothing to do but wait for me there. I shall be there tonight."

I was only twenty meters from the wall, and I still saw nothing.

After a silence the little prince spoke again:

"You have good poison? You are sure that it will not make me suffer too long?"

VOCA

silence 정적 | poison 독 | suffer 고통받다

JEFF의 핵심

1. 명사 + (to + 동사)

2. but~ → ~를 제외하고는
   You have nothing to do but wait.
   ~을 제외하고는
   당신은 기다리는 수 밖에 없다.

3. 동사 + that~
   ~을/를

4. 5형식 이해!
   I made him
   I made him go.
   주술관계

Translation
넌 단지 거기서 나를 기다리기만 하면 돼. 오늘 밤 거기로 갈게.
나는 돌담으로부터 단지 20미터쯤 되는 거리에 있지만, 여전히 아무것도 보지 못했다.
잠시 침묵 후에 어린 왕자는 다시 말을 이었다.
"네 독은 좋은 거니? 분명 날 오랫동안 고통 받지 않게 하는 게 확실하니?"

I stopped in my tracks, my heart torn asunder; but still I did not understand.

"Now go away," said the little prince. "I want to get down from the wall."

I dropped my eyes, then, to the foot of the wall — and I leaped into the air.

VOCA

asunder 산산히 | drop one's eyes 시선을 떨구다 | leap 뛰어오르다

1. 발음에 따라 뜻이 달라짐에 유의!

   tear   눈물
[티어]

   tear   찢다
[테어]

Translation

나는 가슴이 산산이 찢기는 듯 해 멈춰 섰다. 하지만, 여전히 상황이 잘 이해되지 않았다.
"그러면 이제 가봐." 그가 말했다. "여기 돌담에서 그만 내려가고 싶어."
그때 나도 돌담 밑으로 시선을 내리뜨려 보았고, 너무 놀라 공중으로 뛰어올랐다!

328강

The Little Prince 어린왕자

There before me, facing the little prince, was one of those yellow snakes that takejust thirty seconds to bring your life to an end. Even as I was digging into my pocket to get out my revolver I made a running step back.

VOCA

bring to an end ~을 끝내다 | revolver 회전식 연발 권총 | step back 한걸음 물러나다

JEFF의 핵심

1. ⚠ ~ing   ~하면서

2. 명사 + (that + 동사)

Translation

저기 내 앞에 30초 만에 사람의 목숨을 뺏을 수 있는 노란 뱀 하나가 어린 왕자와 마주하고 있었다. 나는 권총을 꺼내기 위해 주머니 속을 뒤지면서 뒷걸음질 쳐서 달렸다.

But, at the noise I made, the snake let himself flow easily across the sand like the dying spray of a fountain, and, in no apparent hurry, disappeared, with a light metallic sound, among the stones.

I reached the wall just in time to catch my little man in my arms; his face was white as snow.

VOCA

flow 흘러가다 | spray 물보라 | fountain 분수 | apparent ~인 것처럼 보여지는 | metallic 금속의

JEFF의 핵심

1. 명사 + (S + V)

2. 5형식 이해!

   Jeff let himself.
   Jeff let himself go.
   주술관계

3. 접속사 잘 보고 끊기!

Translation
하지만, 내가 내는 소리에 뱀은 꺼져가는 샘의 물방울처럼 모래 사이를 몸을 미끄러뜨려 부드럽게 돌 사이로 가벼운 금속 소리를 내며 별다른 서두름없이 사라졌다. 나는 가까스로 돌담에 도착해 어린 왕자를 내 팔로 안았다. 그의 얼굴은 하얀 눈처럼 창백했다.

 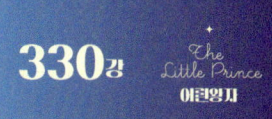

"What does this mean?" I demanded. "Why are you talking with snakes?"

I had loosened the golden muffler that he always wore. I had moistened his temples, and had given him some water to drink.

VOCA

loosen 느슨하게 하다 | muffler 목도리 | moisten 촉촉하게 하다 | temple 관자놀이

JEFF의 핵심

1. 명사 + (that + S + V)

2. 명사 + (to + 동사원형)

Translation

"그게 무슨 의미야?" 난 물었다. "왜 뱀들과 이야기를 하는 거야?"
나는 그가 항상 목에 두르고 있는 그 금빛 머플러를 느슨하게 풀어주었다. 그의 관자놀이를 물로 적셔주었고, 마실 물을 가져다주었다.

영문 Audio 듣기

And now I did not dare ask him any more questions. He looked at me very gravely, and put his arms around my neck. I felt his heart beating like the heart of a dying bird, shot with someone's rifle...

VOCA

dare 감히~ 하다 | gravely 진지하게 | rifle 소총

1. did not dare + 동사원형   감히 ~하지 못하다

I did not dare ask Jeff.

2. 5형식 이해!

I felt his heart.

I felt his heart beating.
　　　　　주술관계

3. , p.p. 콤마 다음에 p.p. 해석? → ~ 되면서

Translation

그러나 이제는 감히 그에게 더 이상의 질문을 하지 못했다. 그는 나를 심각한 눈빛으로 바라보더니 그의 팔을 내 목에 감았다. 마치 총에 맞아 죽어가는 새의 심장처럼, 그의 가슴이 뛰고 있음을 느꼈다.

"I am glad that you have found what was the matter with your engine," he said. "Now you can go back home —"

"How do you know about that?"

I was just coming to tell him that my work had been successful, beyond anything that I had dared to hope.

VOCA

glad 기쁜 | successful 성공적인 | beyond ~이상

JEFF의 핵심

1. 동사 + that ~
   ~을/를

2. had p.p. 과거완료 → 과거보다 더 이전의 일!

3. 명사 + (that + S + V)

Translation

"나는 아저씨가 엔진이 뭐가 문제였는지 알게 되어 기뻐." 그가 말했다.
"아저씨는 이제 집에 돌아갈 수 있을 거야."
"그걸 어떻게 알았어?" 나는 이제 막 그에게 내 작업이 내가 감히 희망했던 것 이상으로 성공적이었다고 말하려던 참이었다.

He made no answer to my question, but he added:

"I, too, am going back home today…"

Then, sadly —

"It is much farther… It is much more difficult…"

I realized clearly that something extraordinary was happening.

VOCA

sadly 슬프게도 | farther 더 멀리 | extraordinary 기이한, 특이한

JEFF의 핵심

1. 비교급 강조 '훨씬'
   much
   far
   even   + 비교급
   still
   a lot

2. 동사 + that ~ (~을/를)

3. ~thing + 형용사   ('~thing'으로 끝나는 단어는 뒤에서 수식!)
   ex) 특별한 것 → something special

Translation

그는 내 질문에 답하지 않고, 덧붙여 말했다.
"나도 오늘 집으로 돌아갈 거야." 그리고 슬프게도,
"내가 집에 가는 게 훨씬 더 멀고 훨씬 더 어려워."
나는 뭔가 심상치 않은 일이 일어나고 있다는 것을 분명히 느낄 수 있었다.

334강

The Little Prince 어린왕자

I was holding him close in my arms as if he were a little child; and yet it seemed to me that he was rushing headlong toward an abyss, from which I could do nothing to restrain him... His look was very serious, like someone lost far away.

"I have your sheep. And I have the sheep's box. And I have the muzzle..."

VOCA

headlong 성급하게, 저돌적으로 | abyss 심연 | restrain 저지하다

JEFF의 핵심

1. as if 가정법 연습!

동사 … as if 과거동사 (마치 ~인 것 처럼)

2. It ~ that …

3. 명사 + (전치사 + which …)

4. 명사 + p.p. ~된/ ~되어진

Translation

나는 어린 왕자와 어린아이를 껴안듯 나의 팔에 꼭 껴안았다. 그런데도 내가 그를 어떻게 할 사이도 없이 어린 왕자는 깊은 심연 속으로 빠져들어 가고 있는 것만 같았다.
그는 길을 잃은 사람처럼 매우 심각해 보였다.
"나에겐 아저씨가 그려준 양이 있어. 그리고 그 양을 넣을 상자도 있어. 입마개도 있고......"

And he gave me a sad smile.

I waited a long time. I could see that he was reviving little by little.

"Dear little man," I said to him, "you are afraid..."

He was afraid, there was no doubt about that. But he laughed lightly.

"I shall be much more afraid this evening..."

VOCA

revive 활기를 되찾다 | doubt 의심 | lightly 가볍게

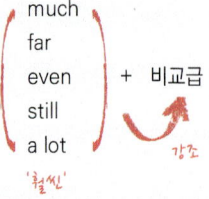

1. 동사 + that ~

2. 비교급 강조

```
  much
  far
  even     + 비교급
  still
  a lot
  '훨씬'         강조
```

Translation

그리고 그는 슬픈 미소를 지었다. 나는 오랜 시간을 기다렸다. 나는 그가 조금씩 조금씩 몸을 회복하고 있음을 느낄 수 있었다. "오! 어린 왕자야." 나는 그에게 말했다. "너는 두려워하고 있는 거구나."
그가 두려워하고 있었던 건 의심할 여지조차 없었다. 그러나 그는 가볍게 웃어 보였다.
"오늘 밤에는 더 무서울 거야."

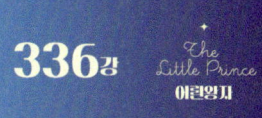

336강 The Little Prince 어린왕자

Once again I felt myself frozen by the sense of something irreparable. And I knew that I could not bear the thought of never hearing that laughter any more. For me, it was like a spring of fresh water in the desert.

"Little man," I said, "I want to hear you laugh again."

But he said to me:

VOCA

frozen 냉동된 | irreparable 회복할 수 없는 | laughter 웃음

JEFF의 핵심

1. 동사 + (to) + 동사
   ~하기를

2. 5형식 연습!

   I heard you.
   I heart you laugh.
   술술관계

Translation

영영 돌이킬 수 없는 어떤 일이 일어나고 있다는 직감이 들어서 나는 다시금 얼어붙는 듯했다. 나는 어린 왕자 웃음소리를 더 이상 들을 수 없게 되리라는 생각을 견딜 수가 없음을 깨달았다. 그것은 나에게 사막의 샘물 같은 것이었다.
"어린 왕자야," 나는 말했다. "네가 웃는 걸 다시 듣고 싶어."
하지만 어린 왕자는 내게 이렇게 말했다.

영문 Audio 듣기

"Tonight, it will be a year... My star, then, can be found right above the place where I came to the Earth, a year ago..."

"Little man," I said, "tell me that it is only a bad dream — this affair of the snake, and the meeting-place, and the star..."

VOCA

above ~위에 | bad dream 악몽 | affair 일, 사건

JEFF의 핵심

1. 조동사 + 동사원형
   —————————
   be + P.P.
   ——————————
   조동사 be + P.P.

I can find the watch.
The watch can be found by me.

2. 명사(장소) + where ~

3. 동사 + that ~
   ~을/를

Translation

"오늘 밤이면 꼭 일 년째가 돼. 나의 별이 내가 1년 전에 지구에 떨어진 바로 그 장소 위쪽에서 발견될 수 있을 거야."
"어린 왕자야." 나는 말했다. "내게 그건 단지 악몽이라고 말해줘. 뱀과 있었던 일, 만난 장소 이야기, 그리고 그 별에 대한 이야기 모두 말이야."

But he did not answer my plea. He said to me, instead:

"The thing that is important is the thing that is not seen…"

"Yes, I know…"

"It is just as it is with the flower. If you love a flower that lives on a star, it is sweet to look at the sky at night. All the stars are a-bloom with flowers…"

VOCA

plea 애원 | instead 대신에 | a-bloom 꽃이 핀 (=abloom)

1. 명사 + (that + 동사)

2. 덩어리로 암기하자!

    It is just as it is with~. 그건 ~의 경우와 마찬가지야.

3. It ~ to ….

    It would be nice to help the poor.

Translation

그러나 그는 내 부탁에 응하지 않았다. 대신 그가 말했다. "중요한 건 눈에 보이지 않는 법이야."
"그래, 나도 알아." "그건 꽃의 경우도 마찬가지야. 만약 아저씨가 어느 별에 사는 꽃 한 송이를 사랑한다면, 밤에 하늘을 바라보는 건 달콤한 일일 거야. 모든 별이 꽃으로 활짝 필 테니까…"

"Yes, I know…"

"It is just as it is with the water. Because of the pulley, and the rope, what you gave me to drink was like music. You remember — how good it was."

"Yes, I know…"

"And at night you will look up at the stars. Where I live everything is so small that I cannot show you where my star is to be found. It is better, like that. My star will just be one of the stars, for you.

VOCA

pulley 도르래 | rope 밧줄

JEFF의 핵심

1. **It is just as it is with ~** 그건 ~의 경우와 마찬가지야.

2. (what) + 허전한 문장
   ~하는 것

3. (so) ~ (that) … 너무 ~해서 … 하다

   Everything is (so) small (that) I can't see anything.
   원인   결과

Translation

"나도 알아." "물도 마찬가지야. 도르래와 밧줄 때문에 아저씨가 내게 마시라고 준 물은 음악 같았어. 기억하지? 그게 얼마나 좋았는지 말이야." "그래."
"밤에 별을 올려다봐. 내가 사는 곳에서는 모든 것이 너무 작아서 내 별을 어디에서 찾을 수 있는지 보여 줄 수가 없어. 그편이 더 좋을 거야. 내 별은 아저씨에게는 수많은 별 중의 하나가 될 테니까."

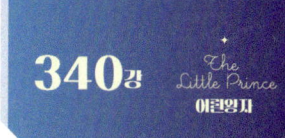

And so you will love to watch all the stars in the heavens... They will all be your friends. And, besides, I am going to make you a present..."

He laughed again.

VOCA

heaven 하늘 | besides 게다가 | present 선물

JEFF의 핵심

1. 동사 + (to) + 동사
~하기를

You will love to watch that movie.
~하기를

Translation

그럼, 아저씨는 하늘에 있는 모든 별을 보는 걸 좋아하게 될 거야. 그 별들 모두가 아저씨 친구가 될 거야. 그리고 아저씨에게 줄 선물이 하나 있어."
그는 다시 웃었다.

"Ah, little prince, dear little prince! I love to hear that laughter!"

"That is my present. Just that. It will be as it was when we drank the water..."

"What are you trying to say?"

"All men have the stars," he answered, "but they are not the same things for different people.

VOCA

laughter 웃음 | present 선물 | drank (drink의 과거) 마셨다

JEFF의 핵심

1. as의 뜻 유의!

It will be / as it was. 그건 마찬가지 일거야.
~와 같은

* 자주 쓰이는 as 뜻 모음.

전치사 : ~처럼, ~로서
부사 : ~만큼
접속사 : ~대로, ~때문에, ~대로, ~이긴 하지만

Translation

"오! 어린 왕자야. 오! 어린 왕자야! 난 네 웃음소리를 듣는 게 너무 좋단다!"
"그게 바로 내 선물이야. 그것뿐이야. 우리가 물을 마시던 그때랑 마찬가지일 거야."
"무슨 말을 하려는 거니?"
"모든 사람은 각자의 별을 가지고 있어" 그가 말했다. "그러나 그것들은 사람들에게 같은 것들이 아냐."

342강

For some, who are travelers, the stars are guides. For others they are no more than little lights in the sky. For others, who are scholars, they are problems. For my businessman they were wealth. But all these stars are silent. You — you alone — will have the stars as no one else has them — "

VOCA

traveler 여행자 | scholar 학자 | businessman 사업가 | wealth 재산

JEFF의 핵심

1. 사람 , who ~

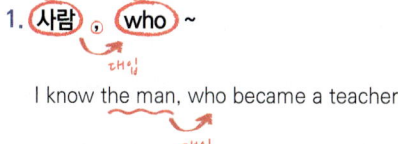

I know the man, who became a teacher.

2. **no more than** 단지(=only)

Translation

여행하는 어떤 사람들에게는 별은 길잡이 역할을 해. 또 어떤 사람들에겐 하늘에 떠 있는 그저 조그만 빛일 뿐이겠지. 학자 같은 사람들에게는 연구해야 할 문젯거리가 되지. 사업가들에겐 재산이 되기도 해. 하지만 이 모든 별은 아무 말 없이 가만히 있어. 그 누구도 가지지 못했기에 아저씨 혼자서 모든 별을 가지게 되는 거야."

영문 Audio 듣기

"What are you trying to say?"

"In one of the stars I shall be living. In one of them I shall be laughing. And so it will be as if all the stars were laughing, when you look at the sky at night... You — only you — will have stars that can laugh!"

And he laughed again.

VOCA

shall ~할 것이다 | as if 마치 ~인듯이

JEFF의 핵심

~인 것처럼
1. 동사 … (as if) .. 과거동사
   과거해석 X

2. 명사 + (that + 동사)

   I met as old man (that was kind.)

Translation

"무슨 말을 하려는 거니?"
" 그 별 중의 하나에 내가 살고 있을 거야, 그 별 중에 하나에서 내가 웃고 있을 거야, 그러니까 모든 별이 다 아저씨에게 웃고 있는 것처럼 보일 거야. 아저씨는, 단지 아저씨만 웃는 별들을 가지게 되는 거야!"

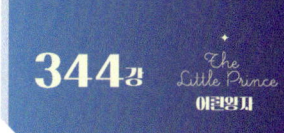

"And when your sorrow is comforted (time soothes all sorrows) you will be content that you have known me. You will always be my friend. You will want to laugh with me. And you will sometimes open your window, so, for that pleasure...

VOCA

sorrow 슬픔 | comfort 위로하다 | soothe 누그러뜨리다 | be content ~에 만족하다

JEFF의 핵심

1. 동사 + that (~을/를)

   You will know / that I am a good guy.

   You will be content / that you have known me.

Translation

"그래서 아저씨의 슬픔이 가라앉았을 때면(언제나 시간이 지나면 슬픔은 사그라드니까…) 아저씨가 나를 알게 된 걸 만족스럽게 생각하게 될 거야. 아저씨는 언제나 나의 친구로 남아있게 되지. 나와 함께 웃고 싶을 거야. 그래서 때때로 괜히 창문을 열고 즐거워하기도 할 거야."

And your friends will be properly astonished to see you laughing as you look up at the sky! Then you will say to them, 'Yes, the stars always make me laugh!' And they will think you are crazy. It will be a very shabby trick that I shall have played on you...”

VOCA

properly 제대로 | **astonished** 크게 놀란 | **shabby** 낡은

JEFF의 핵심

1. 덩어리로 암기할 것!
be astonished to + 동사원형 ~해서 놀라다

2. 5형식 정복!
I saw you.
I saw you laughing.

You made me.
You made me laugh.

3. 동사 + that + S + V   * that(~을/를)은 생략가능함에 유의!

4. It ~ that ...

Translation

"그럼, 아저씨 친구들은 아저씨가 하늘을 쳐다보며 웃는 걸 보고는 깜짝 놀라기도 할 거야. 그럴 땐 그들에게 이렇게 말해주면 돼. '그래, 별들은 나를 항상 웃도록 만들어줘!' 그들은 아저씨가 미쳤다고 생각할 거야. 그건 내가 아저씨에게 짓궂은 장난을 친 게 되는 거야."

And he laughed again.

"It will be as if, in place of the stars, I had given you a great number of little bells that knew how to laugh..."

And he laughed again. Then he quickly became serious:

"Tonight — you know... Do not come."

"I shall not leave you," I said.

VOCA

in place of ~을 대신해서 | bell 방울, 종

JEFF의 핵심

1. 동사 + as if ··· had p.p.
   앞의 동사보다 더 이전 느낌!

2. 덩어리로 암기!

   in place of~   ~을 대신하여
   a great number of~   많은

3. 명사 + (that + 동사)

Translation

그러고는 그는 또다시 웃었다.
"그건 마치 별들이 아니라, 웃을 줄 아는 수많은 작은 종들을 내가 아저씨에게 준 것과 같을 거야." 그리고 그는 다시 웃었다. 그러더니 갑자기 심각한 기색이 되었다.
"오늘 밤은 오면 안 돼…. 알지?" "난 네 곁을 떠나지 않을 거야." 나는 말했다.

"I shall look as if I were suffering. I shall look a little as if I were dying. It is like that. Do not come to see that. It is not worth the trouble…"

"I shall not leave you." But he was worried.

VOCA

suffer 고통받다

JEFF의 핵심

마치 ~인 것처럼

1. 동사 ..  .. 과거동사

    과거해석 ✗

2. 덩어리 암기!

    It is not worth ~   ~의 가치가 없다.

    It is not worth anything.   그것은 아무런 가치가 없다.

Translation

"난 몹시 괴로운 것처럼 보일 거야. 난 죽어가는 것처럼 보일 거야. 그렇게 보일 거야. 그걸 보러 오지는 마. 그럴 필요가 없어."
"난 네 곁을 떠나지 않을 테야." 그러나 그는 걱정스러웠다.

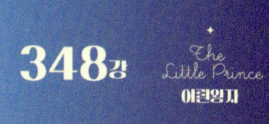

"I tell you — it is also because of the snake. He must not bite you. Snakes — they are malicious creatures. This one might bite you just for fun..."

"I shall not leave you."

But a thought came to reassure him:

"It is true that they have no more poison for a second bite."

VOCA

bite 물다 | malicious 악의적인 | reassure 안심시키다

JEFF의 핵심

1. 반드시 세모 칠 것!

   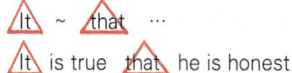

   It ~ that ...
   It is true that he is honest.

2. 덩어리 암기!

   succeed in ~ing ~하는 데 성공하다

   catch up with ~ ~를 따라잡다

Translation

"내가 이런 말 하는 건, 뱀 때문이야. 뱀이 아저씨를 물면 안 되니까. 그것들은 악의적인 생명체야. 뱀은 장난삼아 물기도 하거든." "난 널 떠나지 않을 거야." 그러나 어떤 한 생각이 그를 안심시키는 것 같았다.
"사실 뱀이 두 번째 물 때는 더 이상 독이 없어."

That night I did not see him set out on his way. He got away from me without making a sound. When I succeeded in catching up with him he was walking along with a quick and resolute step.

He said to me merely:

VOCA

set out 출발하다 | catch up 따라잡다 | resolute 단호한 | merely 단지

JEFF의 핵심

1. 5형식 이해!

I did not see him.   나는 그를 보지 못했다.
I did not see him ~~to~~ smile.   나는 그가 웃는 것을 보지 못했다.

주술관계

2. 다음 표현을 반드시 암기!

succeed in ~ing   ~하는 데 성공하다
catch up with ~   ~을 따라잡다

Translation
그날 밤 나는 그가 길을 떠나는 걸 보지 못했다. 그는 소리도 없이 사라져 버렸다.
그를 뒤쫓아가서 따라잡는 걸 성공했을 때, 그는 빠르고 단호한 걸음으로 걸어가고 있었다. 그는 단지 내게 이렇게 말했다.

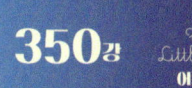

"Ah! You are there..."

And he took me by the hand. But he was still worrying.

"It was wrong of you to come. You will suffer. I shall look as if I were dead; and that will not be true..."

I said nothing.

VOCA

by the hand 손을 잡고 | suffer 고통받다

JEFF의 핵심

1. It ~ of ~ to ~

   It is kind to help the poor.

   It is kind of you to help the poor.
   → 사람의 성격

2. 동사 ··· as if 과거동사
   과거 해석 X

Translation

"아! 아저씨가 왔어."
그리고는 내 손을 잡았다. 그러나 그는 여전히 걱정하고 있었다.
"아저씨가 온 건 잘못된 거야. 괴로울 거야. 내가 마치 죽은 듯이 보일 테니까. 그렇지만 그건 사실이 아니야."
나는 아무 말도 하지 않았다.

"You understand... it is too far. I cannot carry this body with me. It is too heavy."

I said nothing.

"But it will be like an old abandoned shell. There is nothing sad about old shells..."

I said nothing.

VOCA

carry 나르다 | abandoned 버려진 | shell 껍데기

JEFF의 핵심

1. 명사 + p.p.
   ~된/~되어진

   p.p. + 명사
   ~된/~되어진

2. ~thing + 형용사

   Do something great.

Translation

"알잖아... 너무나 멀어. 난 이 몸을 가지고 갈 수 없어. 너무 무거워."
나는 아무 말도 하지 않았다.
"하지만 내 몸은 오래되고 버려진 껍데기와 같이 보일 거야. 낡은 껍데기를 보고 슬퍼할 이유는 없어."
나는 아무 말도 하지 않았다.

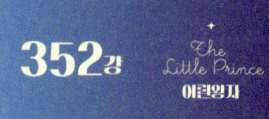

He was a little discouraged. But he made one more effort:

"You know, it will be very nice. I, too, shall look at the stars. All the stars will be wells with a rusty pulley. All the stars will pour out fresh water for me to drink…"

I said nothing.

VOCA

discouraged 낙담한 | make effort 노력을 하다 | rusty 녹슨 | pour out 쏟아내다

JEFF의 핵심

1. 명사 + (to + 동사원형)

2. 다음을 잘 이해하자.

fresh water to drink   마실 물

→ to drink의 주체

fresh water (for me) to drink   내가 마실 물

Translation

그는 조금 낙담한 듯 보였다. 그러나 그는 다시 한번 더 노력했다.
"있잖아. 좋은 일이야. 나도 별들을 바라볼 거야. 모든 별은 모두 녹슨 도르래가 달린 우물이 될 거야. 모든 별이 내가 마실 신선한 물을 부어 줄 거야."
나는 아무 말도 하지 않았다.

영문 Audio 듣기

"That will be so amusing! You will have five hundred million little bells, and I shall have five hundred million springs of fresh water..."

And he too said nothing more, because he was crying...

"Here it is. Let me go on by myself."

VOCA

amusing 재미있는 | spring 샘 | by oneself 혼자

JEFF의 핵심

1. 동사원형으로 시작하는 문장? → 명령문!

2. 5형식 이해!

Let me. 나를 허락해(어색한 문장)

Let me go. 내가 가도록 허락해.
　　주술관계

Translation

"정말 재미있을 거야! 아저씬 5억 개의 작은 종들을 가지게 되는 거고, 난 5억 개의 맑은 샘물을 가지게 되는 거니까..." 그러고는 어린 왕자 역시 아무 말이 없었다. 그는 울고 있었기 때문이다.
"자, 여기야. 나 혼자 가게 해줘."

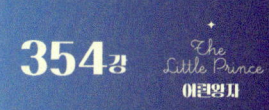

354강

And he sat down, because he was afraid. Then he said, again: "You know — my flower... I am responsible for her. And she is so weak! She is so naïve! She has four thorns, of no use at all, to protect herself against all the world..."

I too sat down, because I was not able to stand up any longer.

"There now — that is all..."

He still hesitated a little; then he got up. He took one step. I could not move.

VOCA

responsible 책임이 있는 | thorn 가시 | any longer 더 이상 | hesitate 주저하다

JEFF의 핵심

1. 문장 중간 이후의 'to+동사원형'의 해석은? → ~하기 위해서

   혼란

Translation
그러고는 그는 두려운 마음에 그 자리에 앉아 버렸다. 그가 다시 말했다.
"아저씨. 내 꽃 말이야... 나는 그 꽃의 책임을 져야 해! 그 꽃은 너무 연약하거든! 아주 순진해. 세상에 맞서서 스스로를 보호하기 위한 쓸모없는 네 개의 가시를 가지고 있을 뿐이야." 나도 더 이상 서 있을 수가 없어서 앉았다. "자. 이제 그게 다야." 그는 또 조금 망설이더니 다시 일어섰다. 그는 한 발짝을 내디뎠다. 나는 움직일 수 없었다.

There was nothing but a flash of yellow close to his ankle. He remained motionless for an instant. He did not cry out. He fell as gently as a tree falls. There was not even any sound, because of the sand.

VOCA

flash 빛 | ankle 발목 | remain 계속 ~이다 | motionless 움직이지 않는 | gently 부드럽게

JEFF의 핵심

1. 덩어리와 암기!

nothing but 단지

2.  … 처럼(만큼) ~ 하게

Jeff is as tall as I am.

Translation

그의 발목 가까이에 노란 한 줄기 빛 말고는 아무것도 없었다. 그는 잠깐 움직이지 않고 그대로 있었다. 그는 울지 않았다. 그는 나무가 쓰러지는 것처럼 부드럽게 쓰러졌다. 모래 때문에 아무런 소리도 나지 않았다.

And now six years have already gone by... I have never yet told this story. The companions who met me on my return were well content to see me alive. I was sad, but I told them: "I am tired."

Now my sorrow is comforted a little. That is to say — not entirely. But I know that he did go back to his planet, because I did not find his body at daybreak.

VOCA

go by 지나가다, 흐르다 | companion 동반자, 친구 | content 만족하는 | comfort 위로하다 | entirely 완전히
daybreak 새벽

JEFF의 핵심

1.

명사(사람) + (who + V)

명사(사람) + (who + V1 ···) / V2

The man (who lives in that house) / is my brother.
　　　　　　　　　　V1　　　　　　　　V2

2. 동사 + that ~
　　　　　　~을/를

Translation

이제 벌써 6년이란 시간이 흘렀다. 나는 아직 이 이야기를 한 번도 하지 않았다. 나와 다시 만났던 동료들은 내가 살아 돌아온 걸 보고는 몹시 기뻐했다. 나는 슬펐지만, 그들에게 말했다. "피곤하네."
이제는 내 슬픔도 조금은 가라앉았다. 다시 말해 완전히 슬픔이 없어진 건 아니다. 하지만 해 뜰 무렵에 그의 몸을 찾을 수 없었기 때문에 나는 그가 그의 별로 돌아갔다는 걸 알고 있다.

It was not such a heavy body… and at night I love to listen to the

stars. It is like five hundred million little bells…

But there is one extraordinary thing… When I drew the muzzle

for the little prince, I forgot to add the leather strap to it.

VOCA

love to ~하기를 좋아하다 | extraordinary 놀라운, 보기드문 | leather 가죽 | strap 끈

JEFF의 핵심

1. 동사 + to + 동사
   ~하기를
   I love to listen to music.

2. like < 좋아하다 / ~처럼

Translation

그의 몸은 그렇게 무겁진 않았다. 밤이면 나는 별들의 소리를 듣는 걸 좋아한다. 그건 마치 5억 개의 작은 종들과 마찬가지니까… 헌데 한 가지 놀라운 일이 있다. 내가 어린 왕자에게 입마개를 그려줬을 때, 난 입마개에다 가죽끈을 다는 걸 잊어버렸다.

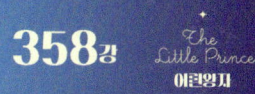

He will never have been able to fasten it on his sheep. So now I keep wondering: what is happening on his planet? Perhaps the sheep has eaten the flower...

At one time I say to myself: "Surely not! The little prince shuts his flower under her glass globe every night, and he watches over his sheep very carefully..."

VOCA

fasten 매다 | wonder 궁금해하다 | glass globe 유리덮개

JEFF의 핵심

1. 미래완료(will have p.p.) → ~하게 될 것이다. ~하였을 것이다.
(미래의 어떤 시점이 도래하기 전에 이미 완료된 사건을 예측할 때.)

I will have finished my work tomorrow. (나는 내일쯤 일을 마쳤을거야.)
미래완료

2. keep ~ing 계속 ~하다

Translation
어린 왕자는 양에게 입마개를 매달 수가 없을 것이다. 그래서 나는 계속 궁금해하고 있다. '그의 별에서 무슨 일이 일어나고 있을까? 아마도 양이 꽃을 먹어버렸나.' 한번은 나 자신에게 말했다. "절대 그럴 리 없어, 어린 왕자가 그의 꽃을 매일 밤 유리 덮개로 잘 덮어 보호할 거고, 양을 잘 감시할 거야."

영문 Audio 듣기

Then I am happy. And there is sweetness in the laughter of all the stars.

But at another time I say to myself: "At some moment or other one is absent-minded, and that is enough! If on some one evening he forgot the glass globe, or the sheep got out, without making any noise, in the night..."

VOCA

sweetness 다정함 | moment 순간 | absent-minded 딴 데 정신이 팔린

JEFF의 핵심

1. 덩어리로 암기.

    at some moment or other 어쩌다가

2. without + ~ing ~하는 것 없이

    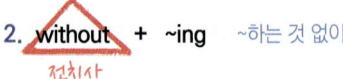

    전치사

    *전치사 뒤 동사 쓸 때는 반드시 ~ing 형태로!

Translation

그럼 나는 행복하다. 그러면 별들의 웃음 속에는 다정함이 있다. 그런데 다른 때에는 이렇게 생각하기도 했다. "어쩌다 보면 방심할 수도 있을 거야. 그럼, 끝장인데! 어느 날 저녁 그가 유리 덮개 덮는 걸 잊었거나, 양이 밤에 아무런 소리 없이 밖으로 뛰쳐나가면 어떡해!"

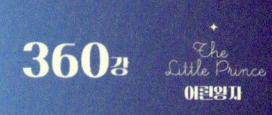

And then the little bells are changed to tears...

Here, then, is a great mystery. For you who also love the little prince, and for me, nothing in the universe can be the same if somewhere, we do not know where, a sheep that we never saw has — yes or no? — eaten a rose...

VOCA

tear 눈물 | mystery 수수께끼 | universe 우주

JEFF의 핵심

1. 명사(사람) + (who + 동사)

부연설명

2. (, ,)

   콤마와 콤마 구조는 묶어라!

3. 명사 + (that + S + V)

Translation

그러면 작은 종들은 눈물로 변한다. 이건 정말 풀리지 않는 수수께끼다. 어린 왕자를 사랑하는 여러분에게, 그리고 나에게 우리가 알지 못하는 어딘가에서 본 적도 없는 양 한 마리가 장미를 먹느냐 혹은 안 먹느냐에 따라 우주에 있는 그 어떤 것도 같지 않을 것이다.

Look up at the sky. Ask yourselves: is it yes or no? Has the sheep eaten the flower? And you will see how everything changes...

And no grown-up will ever understand that this is a matter of so much importance!

This is, to me, the loveliest and saddest landscape in the world. It is the same as that on the preceding page, but I have drawn it again to impress it on your memory.

VOCA

a matter of importance 중대한 문제 | landscape 풍경 | preceding 이전의 | impress 깊은 인상을 주다

JEFF의 핵심

1. 간접의문문 어순 유의!
  -> 문장 중간에 '의문사 + 주어 + 동사' 어순이 보이면 의문문이 문장속에 쏘~옥 들어간 것임!

2. 동사 + that ~
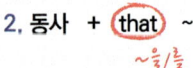
  ~을/를

3. 문장 중간 이후의 'to + 동사원형'의 강력한 해석?
  -> ~ 하기 위해서

Translation
하늘을 바라보라. 스스로 물어봐라. 그런 거 아닌가? 양이 그 꽃을 정말 먹었을까? 그러면 여러분은 세상 모든 것들이 어떻게 변하는지 알게 될 것이다. 그리고 어른들도 그것이 얼마나 중요한 일인지 절대로 이해하지 못할 것이다.
이것은 나에게 이 세상에서 가장 사랑스럽고 가장 슬픈 풍경이다. 앞 페이지의 것과 같은 풍경이지만, 여러분의 기억 속에 깊은 인상을 심기 위해 다시 한번 그렸다.

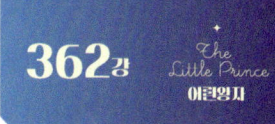

It is here that the little prince appeared on Earth, and disappeared.

Look at it carefully so that you will be sure to recognize it in case you travel someday to the African desert. And, if you should come upon this spot, please do not hurry on. Wait for a time, exactly under the star.

VOCA

appear 나타나다 | disappear 사라지다 | recognize 알아채다 | in case ~에 대비해서 | spot 지점 | hurry on 서두르다

JEFF의 핵심

1. It과 that사이에 있는 말이 강조되는 구조!

  It ~ that …

  It is here that I met Jeff.
           강조

2. so와 that이 붙어 있을 때! → ~하기 위해서

  so that ~ ~하기 위해서

  Jeff runs every day so that he can stay healthy.

3. in case ~ ~할 경우에

Translation

어린 왕자가 지구에 나타났다가 사라진 곳이 바로 여기다.
여러분들이 언젠가 아프리카 사막을 여행할 때를 대비해서 이 풍경을 잘 기억할 수 있도록 유심히 잘 봐 두길 바란다. 그리고 혹시 당신이 이 지점에 다다르게 되면, 부디 급히 지나치지 않았으면 한다. 바로 그 별 아래에서 잠시만 기다려 주면 좋겠다.

Then, if a little man appears who laughs, who has golden hair and who refuses to answer questions, you will know who he is.

If this should happen, please comfort me. Send me word that he has come back.

- The End –

VOCA

refuse 거부하다, 거절하다 | comfort 위로하다

JEFF의 핵심

1. 명사 + (who + 동사)

2. A B C 세 개가 연결될 때의 원칙? -> A, B, and C

3. 간접의문문 파악!
   -> 문장 중간에 '의문사+주어+동사' 의 어순이 보일 때!

4. 동격의 that
   명사 + (that)~ ~라는
   I know the fact (that) Jeff is kind.
   ~라는

Translation

그때 만약 웃고 있으면서 머리가 금발이고, 질문에 대답하기를 꺼리는 한 작은 사람이 나타난다면, 여러분은 그가 누구인지 알 것이다. 만약 그런 일이 일어난다면, 내게 꼭 전해줬으면 좋겠다. 그가 돌아왔다고….

364강

The Little Prince
어린왕자

Jeff 강사가 선별한 어린왕자 BEST 명문장 (1)

1. It is only with the heart that one can see rightly; what is essential is invisible to the eye. (280강 중에서)

2. "What is most important is invisible…" (305강 중에서)

3. "And yet what they are looking for could be found in one single rose, or in a little water." (315강 중에서)

JEFF Message

길들인다는 것… 길들여 진다는 것…
관계를 맺는다는 것… 사랑하게 된다는 것…

여러분의 인생에서 가장 소중한 '길들임'은 무엇인가요?
당신을 행복하게 만드는 것은 무엇인가요?

어린왕자와의 만남을 통해
우리의 인생에서 가장 소중한 것을 다시 한번 생각해 보는
기회를 가졌으면 좋겠습니다.

Jeff 강사가 선별한 어린왕자 BEST 명문장 (2)

4. "But the eyes are blind.

   One must look with the heart..." (316강 중에서)

5. One runs the risk of weeping a little, if one lets himself be

   tamed..."(323강 중에서)

6. "The thing that is important is the thing that is not seen..." (338강 중에서)

JEFF Message

Jeff 강사와 함께
어린왕자를 완독해주신 독자님께
깊은 감사의 말씀을 드립니다.
항상 행복한 일
가득하시길 기원드립니다.

한 문장씩 따라 써 보아 어린왕자의 감동을
온전히 내 것으로 만들어 보세요.

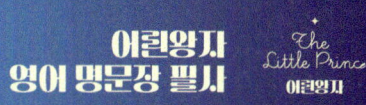

7

Grown-ups never understand anything by themselves, and it is

Grown-ups never understand anything by themselves, and it is

tiresome for children to be always and forever explaining things

tiresome for children to be always and forever explaining things

to them.

to them.

45

The proof that the little prince existed is that he was charming,

that he laughed, and that he was looking for a sheep.

77

"You know — one loves the sunset, when one is so sad…"

148

It is much more difficult to judge oneself than to judge others.

159

Conceited people never hear anything but praise.

265

I have friends to discover and a great many things to understand.

280

It is only with the heart that one can see rightly; what is essential is invisible to the eye.

286

No one is ever satisfied where he is.

281

"It is the time you have wasted for your rose that makes your rose so important."

282

You become responsible, forever, for what you have tamed.

299

"The stars are beautiful, because of a flower that cannot be seen."

301

What makes the desert beautiful is that it hides a well somewhere.

305

"What is most important is invisible..."

315

"And yet what they are looking for could be found in one single

rose, or in a little water."

316

But the eyes are blind. One must look with the heart.

323

One runs the risk of weeping a little, if one lets himself be tamed...

338

If you love a flower that lives on a star, it is sweet to look at the

sky at night. All the stars are a-bloom with flowers.

338

"The thing that is important is the thing that is not seen..."